Mosaik
bei GOLDMANN

Buch

Dass ihr Leben mit Kindern vollkommen anders aussehen würde als früher, hatte sie natürlich vorher gewusst. Aber selbst ihre beste Vorstellungskraft erfasste nicht, was es tatsächlich bedeutet. Amelie Fried hat in ihren Geschichten die Tragweite des Mutterseins realistisch und liebevoll aufbereitet. Ihr Buch erzählt die schönsten Anekdoten von der Zeit, als Leo auf die Welt kam bis kurz nach Paulinas Geburt.

»Herzerfrischend und direkt aus dem Leben gegriffen!«
Freundin

Autorin

Amelie Fried arbeitete nach ihrem Studium als Fernsehmoderatorin und wurde für ihre Arbeiten mehrfach ausgezeichnet. Heute schreibt sie vor allem Drehbücher, journalistische Beiträge, erfolgreiche Romane und Geschichten über ihre reizenden Sprösslinge. Die Autorin lebt mit ihrer Familie bei München.

Von Amelie Fried außerdem im Goldmann Verlag erschienen:
Die StörenFrieds (44380)
Neues von den StörenFrieds (44564)
Traumfrau mit Nebenwirkungen. Roman (43865)

AMELIE FRIED

Das kleine Buch der StörenFrieds

Geschichten von Leo und Paulina

Mit Illustrationen von Jacky Gleich

Mosaik
bei GOLDMANN

Die vollständige Ausgabe ist unter dem Titel »Die StörenFrieds«
als Goldmann Taschenbuch Nr. 44380 lieferbar.

Umwelthinweis:
Alle bedruckten Materialien dieses Taschenbuches sind chlorfrei und
umweltschonend.

Leicht gekürzte Taschenbuchausgabe Mai 2001
Wilhelm Goldmann Verlag, München
in der Verlagsgruppe Bertelsmann GmbH
© 1995 Mosaik Verlag, München
in der Verlagsgruppe Bertelsmann GmbH
Umschlaggestaltung: Design Team München
Illustrationen: Jackie Gleich
Layout und Satz: Rita Gerstenbrand
Druck: Presse-Druck, Augsburg
Verlagsnummer: 16407
Kö · Herstellung: Max Widmaier
Made in Germany
ISBN 3-442-16407-9
www.goldmann-verlag.de

1 3 5 7 9 10 8 6 4 2

Inhalt

Für Peter, in Liebe

Statt eines Vorworts
Liebe Leserin, lieber Leser!

Sollten Sie Kinder haben, wissen Sie genau, wovon ich im Folgenden rede. Sollten Sie keine haben, interessiert es Sie vielleicht zu erfahren, wie es wäre, wenn Sie welche hätten?! Ich beschreibe Ihnen jetzt einfach mal, wie ein ganz normaler Tag aussieht, wenn man zwei Kinder hat, auf dem Land wohnt und sich vorgenommen hat, zum Einkaufen in die Stadt zu fahren.

8 Uhr. Baby wird gestillt. Kind will nicht aufstehen. Ich packe Kinderwagen ins Auto. Kind verlangt nach Milch. Ich serviere Milch, Kind brüllt: »Zu heiß!« Ich kühle Milch ab, Kind brüllt: »Zu kalt!« Ich gehe raus, Kind schüttet Milch ins Bett.

9 Uhr. Baby wird gestillt. Kind brüllt: »Muss aufs Klo!« Ich hieve Kind auf Klobrille. Baby schätzt keine Unterbrechungen beim Essen, brüllt. Kind brüllt ebenfalls: »Muss doch kein Aa!« Ich hieve Kind wieder runter. Ich ziehe Kind an und packe Wickeltasche ins Auto.

10 Uhr. Baby wird gestillt. Kind brüllt: »Hab Hunger!« Ich serviere Müsli. Kind brüllt: »Will Schokolade!« Ich serviere Müsli wieder ab. Kind brüllt lauter. Ich packe Kekse ins Auto.

11 Uhr. Baby kotzt. Ich ziehe mich um. Ich ziehe Baby um. Baby kackt. Ich wechsle Windel, ziehe Baby wieder an. Kind brüllt: »Hab in die Hose gemacht!« Ich ziehe Kind komplett um, fülle Waschmaschine und packe Ersatzklamotten ins Auto.

12 Uhr. Baby wird gestillt. Ich erleide Schwächeanfall aus Hunger, löffle übrig gebliebenes Müsli. Kind brüllt: »Will auch Müsli!« Ich mache neues Müsli. Kind isst. Baby

brüllt. Kind will Baby mit Müsli füttern. Baby brüllt noch mehr. Kind schlägt mit Müslilöffel auf Baby ein. Ich brülle.

13 Uhr. Baby wird gestillt. Kind ist eingeschlafen. Ich betrachte einen Versandhauskatalog. Baby macht dadada. Das Telefon klingelt. Ich gehe kurz raus. Baby zerfetzt Katalog.

14 Uhr. Ich ziehe Baby an, wecke Kind. Kind brüllt: »Ich will nicht in die Stadt!« Ich ziehe widerstrebendes Kind an. Baby kackt. Ich ziehe Baby aus, wechsle Windel, ziehe Baby wieder an.

15 Uhr. Baby wird gestillt. Es klingelt an der Haustür. Ich öffne. Keiner da. Kind entwischt nach draußen. Plötzlich Gebrüll: Kind ist auf Gesicht gefallen. Ich lege Baby in Wohnzimmer ab, klebe Pflaster auf Kindergesicht. Baby brüllt. Ich renne ins Wohnzimmer. Nachbarhund liegt auf Sofa und leckt Babygesicht.

16 Uhr. Baby wird gestillt. Baby schläft ein. Kind brüllt: »Muss Aa!« Ich setze Kind aufs Klo. Das Telefon klingelt. Ich gehe kurz raus. Kind verteilt Aa in Badezimmer.

17 Uhr. Baby wird gestillt. Ich hole Kinderwagen, Wickeltasche, Kekse und Ersatzklamotten aus dem Auto.

18 Uhr. Mann kommt nach Hause, fragt: »Na, wie war's in der Stadt?« Baby gluckst. Kind lacht.

Wie alles anfing

Ich wollte nie Kinder haben. Genauer, ich konnte mir einfach nicht vorstellen, mit welchem Mann. Obwohl ich im Geist der 68er-Ideologie und mit den Parolen des Feminismus (»Eine Frau ohne Mann ist wie ein Fisch ohne Fahrrad«) aufgewachsen war, stellte ich mir im hintersten Winkel meines bürgerlich gebliebenen Herzens vor, dass Kinder nach Möglichkeit einen Vater haben sollten. Leider hatte ich aber eine ausgesprochene Schwäche für den Typ des »charmanten Hallodri«, der sich ungern auf eine Frau festlegt, keine Verantwortung übernehmen will und Kinder als eine Disziplinarmaßnahme Gottes zur Einschränkung seines Freiheitsdranges empfindet. Einen solchen Mann zum Vater meiner Kinder zu machen wäre angesichts meines eigenen Freiheitsdranges eine ziemliche Dummheit gewesen.

Also beschloss ich, kinderlos zu bleiben. Das bedauernswerte Schicksal einer Freundin vor Augen, die mit neunzehn ungewollt schwanger geworden und seither allein erziehende Mutter war, verhütete ich wie der Teufel, um nie in eine solche Lage zu kommen. Ich fühlte deutlich, dass nicht nur kein Mann reif für mich war, sondern auch ich keineswegs reif für ein Kind.

Das blieb so, bis ich dreißig wurde. Ich hatte mich gerade mal wieder von einem Hallodri getrennt, als ich am Morgen meines Geburtstags aufwachte und wusste: »Beim nächsten Mann wird alles anders!« So war es auch – jedenfalls fast. Ich drehte noch ein paar Solorunden und nahm in Gedanken Abschied von meinem Single-Leben. Dann lernte ich Peter kennen. Er saß in einem merkwürdig gemusterten Sakko auf einer Kulturpreisverleihung, hielt den Kopf ein bisschen schräg und schaute mich an. Ich schaute zurück und wusste: Der ist was zum Heiraten! Und da erschrak ich furchtbar. Peter erzählte mir später, ihm sei es genauso gegangen. Den Kopf habe er schief gehalten, weil er vor lauter Schreck, mich plötzlich leibhaftig vor sich zu sehen, eine Genickstarre bekommen habe.

Da saß er also, der Mann, den ich heiraten würde, und ich war gar nicht euphorisch. Im Gegenteil, ich ahnte plötzlich, dass ein Abschnitt meines Lebens zu Ende ging. Wohl der Abschnitt, den man »Jugend« nennt. Und dass ein neuer Abschnitt begann, auf dem das Etikett »Erwachsensein« klebte. Wie ein Schauspieler vor dem Auftritt bekam ich schreckliches Lampenfieber und versuchte, die Aufführung des bevorstehenden Stückes zu verhindern. Ich wehrte mich mit aller Kraft gegen Peters Werbung und erklärte ihm, dass ich nicht für eine Beziehung taugte und schon gar nicht für die Ehe. Peter ließ sich zum Glück nicht beirren. Stur hielt er daran fest, dass wir zwei zusammengehörten und dass ich sehr wohl beziehungs- und liebesfähig sei. Bis wir ein gutes Jahr später heirateten, hatten wir uns schon so oft getrennt und wieder versöhnt, dass es für den Rest unseres Lebens reichen sollte!

Bald kam unser Sohn Leonard Maximilian, genannt Leo, auf die Welt. Mir wurde klar, dass der eigentlich wichtige Schritt nicht unsere Eheschließung war. Ehen kann man wieder scheiden. Der wirklich schwer wiegende Entschluss war, ein Kind in die Welt zu setzen. Mit einem Kind bleibt man für immer verbunden, und – ob man will oder nicht – auch mit dem anderen Elternteil dieses Kindes.
Ich musste an meine Eltern denken und daran, dass sie sich nicht getrennt hatten, obwohl sie eine schwierige Ehe geführt haben. Ich begriff plötzlich, dass sie sicher auch wegen uns Kindern zusammengeblieben waren, wegen meiner zwei jüngeren Brüder und mir. Und dass sie es doch irgendwie geschafft haben, das Beste daraus zu machen. Ob wir das auch schaffen würden?
Die Ankunft von Leo wirbelte unser Leben ganz schön durcheinander. Wir kannten uns ja nicht lange, kaum

waren wir ein Paar, da waren wir schon ein Elternpaar. Unsere Interessen verlagerten sich, unser Freundeskreis veränderte sich. Plötzlich konnten wir nicht mehr von jetzt auf gleich ins Kino gehen oder auf ein Bier um die Ecke. Ausflüge mit dem Baby waren schweißtreibende Unternehmungen, und unsere kinderlosen Freunde beklagten unsere mangelnde Spontaneität. Uns interessierten alle Informationen rund ums Kinderkriegen bedeutend mehr als die Nachrichten aus der weiten Welt – zumal wir sowieso nicht mehr zum Zeitunglesen kamen.

Auch unsere Berufe bekamen einen anderen Stellenwert. Peter, der bisher erlesene Kulturfeatures und Literaturverfilmungen gemacht hatte, von denen er kaum leben konnte, bemühte sich um lukrativere Aufträge. Und ich stand eines Tages auf dem Hamburger Flughafen heulend in einer Telefonzelle, weil ich das Karriereangebot meines Lebens bekommen hatte – und absagen musste.
Aber was bekamen wir alles dafür! Stundenlang betrachteten wir unser Baby und konnten es gar nicht fassen, was für einen sympathischen und witzigen kleinen Kerl wir da gekriegt hatten! »Selbst gemacht!«, sagten wir uns immer wieder und waren ganz berauscht von dieser Vorstellung. »Kleiner Aufwand, große Wirkung!«, stellte Peter fest, und

ich merkte, dass er große Lust hatte, auszuprobieren, wie ein zweiter Versuch ausfallen würde … Bis dahin sollte aber noch einige Zeit vergehen. Inzwischen stellte ich fest, dass das Leben mit Kind auch unter journalistischen Gesichtspunkten eine Menge neuen Stoff bietet. Ich begann, meine Erfahrungen zu notieren, Freunde und Experten zu befragen und mir Gedanken zu den verschiedensten Themen zu machen. Die Zeitschrift *Eltern* veröffentlicht seit nunmehr drei Jahren meine Geschichten. Einige von ihnen sind in dieses Bändchen eingeflossen.

Ich habe festgestellt, dass die Erfahrungen, die man mit seinen Kindern macht, zwar etwas ganz Besonderes sind, aber nichts Einzigartiges. Im Gespräch mit anderen Eltern haben wir immer wieder Übereinstimmungen erlebt und waren überrascht, dass sie so vieles ähnlich empfanden wie wir. Auch die Zuschriften auf meine *Eltern*-Artikel zeigen mir, dass viele Mütter und Väter sich in ihnen wiederfinden. Immer wieder lese ich den Satz: »Ihre letzte Geschichte hätte von mir sein können!«

Das hat mich bestärkt, diesen kleinen Band zusammenzustellen. Vielleicht erkennen Sie sich beim Lesen ja auch ein bisschen wieder, können den einen oder anderen Tipp gebrauchen oder einfach herzhaft lachen!

Nie mehr allein

Niemals werde ich diesen Junimorgen vergessen. Vor den großen Fenstern des Kreißsaals zwitscherten die Vögel, diesiges Morgenlicht drang in den Raum. Es war zehn vor sieben, und ich hielt mein erstes Kind im Arm.

Staunend betrachtete ich den verknautschten kleinen Kerl, der zweifellos wie eine Mischung aus E.T. und einer Schildkröte aussah. Trotzdem erschien er mir wunderschön. Ich empfand nicht dieses Gefühl von grenzenloser Freude oder Euphorie, das ich mir vor der Geburt ausgemalt hatte. Es war eher Neugier, mit der ich dieses Wesen betrachtete, das gerade einen Weg von wenigen Zentimetern zurückgelegt hatte und doch aus einer anderen Welt zu kommen schien. Ich suchte nach etwas Vertrautem, etwas, das ich wiedererkannte. Schließlich war dieses Kind ein Teil von mir, da musste doch was Verwandtes sein? Ich fand nichts. Ein ganz und gar eigenständiges Wesen lag vor mir, nicht etwa eine Teilsumme meiner selbst.

Gerührt war ich. Von der Hilflosigkeit dieses Menschleins. Und von den Freudentränen, die sein Vater gerade vergoss.

Ich fand es immer ein bisschen peinlich, Männer aus Kummer weinen zu sehen. Ich fühle mich einfach hilflos angesichts eines in Tränen aufgelösten Kerls, dem gerade die Freundin weggelaufen ist oder dem einer das Auto zu Schrott gefahren hat. Aber dass mein Mann vor Freude weinte, vor Glück und aus Erleichterung, das fand ich wunderbar!

Überhaupt war ich stark beeindruckt, welche Qualitäten er als Geburtshelfer an den Tag gelegt hatte. Als hätte er nie was anderes gemacht, hatte er mich in den vergangenen Stunden gehalten, beruhigt und angefeuert, je nachdem, was nötig war. In Extremsituationen (und das ist eine Geburt zweifellos) erfährt man Dinge über einen Menschen, die man vorher nicht wusste. Ich wusste jetzt, der Mann hatte Nerven wie Drahtseile – zumindest, solange es darauf ankam!

Ein bisschen verunsichert war ich schon, dass ich nicht vom Mutterglück überschwemmt wurde, ja, nicht mal weinen konnte. War das normal, dieses merkwürdige Gefühl von Leere, diese innere Ruhe, die leichte Distanz zu den geschäftigen Vorgängen im Kreißsaal? Ich wollte ihn nur immer anschauen, meinen Sohn, sein Bild in mich aufnehmen. Zumal ich panische Angst hatte, dass er vertauscht werden könnte. Ich merkte mir ein kleines

Muttermal neben seinem Ohr, damit man mir auf keinen Fall ein anderes Baby würde unterjubeln können!

Als am Abend eine Schwester kam und Leo für die Nacht ins Säuglingszimmer bringen wollte, protestierte ich heftig. Keine Sekunde würde ich mein Kind aus den Augen lassen! Nur die bleischwere Müdigkeit, die mich nach den zwei durchwachten Nächten befallen hatte, schwächte meinen Widerstand. Schließlich ließ ich mich überreden, Leo herzugeben. Also gut, dann würde ich mich jetzt einfach richtig ausschlafen, das hatte ich mir wirklich verdient! Ich war sehr erstaunt, dass die Nacht bereits nach vier Stunden zu Ende war. Das Telefon neben meinem Bett klingelte, und die Schwester rief mich ins Säuglingszimmer. Mein Sohn dachte nicht daran, seine erschöpfte Mutter schlafen zu lassen. Er hatte Hunger und brachte dies durch martialisches Gebrüll zum Ausdruck. In diesem Moment ging mir ein Licht auf. Mit der Geburt war keineswegs, wie ich undeutlich gehofft hatte, die größte Anstrengung geschafft. Im Gegenteil, jetzt ging's erst richtig los! Ich würde Monate, wenn nicht Jahre, nicht mehr ausschlafen können. Immer würde jemand da sein, der mich brauchte und für den ich verantwortlich wäre. Ich würde *nie mehr allein sein.*

Diese Erkenntnis traf mich wie ein Keulenschlag. Bevor ich ein Kind hatte, dachte ich, nach der Geburt würde mein Leben weitergehen wie bisher – nur eben mit einem Kind. Dass von dieser Sekunde an mein Leben ein komplett anderes sein würde, das hatte ich nicht im Entferntesten vermutet.

Die Angst, Leo nicht wieder zu erkennen, war übrigens völlig unbegründet. Als ich ins Säuglingszimmer kam, hätte ich ihn unter hundert anderen Babys sofort gefunden. Und, was noch faszinierender war: Schon auf dem Flur hörte ich seine Stimme aus dem vielstimmigen Chor der anderen Schreihälse heraus! Zwei Tage später erlebte ich dann, was ich nach der Geburt vermisst hatte: Ich saß da, hatte meinen winzigen Sohn im Arm und sah zu, wie er schlief. Plötzlich übermannte mich ein nie gekanntes Glücksgefühl, eine unendliche Zärtlichkeit. Ich heulte los und konnte nicht mehr aufhören. Erschrocken fragte Peter, was passiert sei. Ich schluchzte : »Und irgendwann ist er groß und hat eine Freundin und will nichts mehr von mir wissen!«

Gut, dass bis dahin noch ein wenig Zeit ist …

Dreck

Ich traute meinen Augen nicht. Leo (14 Monate) panierte sorgfältig seinen Schnuller in Blumentopferde, bevor er ihn in den Mund steckte und mit allen Anzeichen des Behagens ablutschte. »Neiiin«, schrie ich und wollte ihm das verdreckte Ding entreißen. Aber wofür eigentlich? Längst hatte er die Erde verschluckt und an diesem Tag vermutlich noch ein halbes Kilo Sand und mehrere Staubflusen. Gut, dass ich ihn in letzter Sekunde erwischt hatte, bevor er die Klobürste einer näheren Prüfung unterziehen konnte!

Ich komme mir wirklich bescheuert dabei vor, Leos Fläschchen auszukochen, während er gerade eine Hand voll Laub verspeist oder sein Stofftier in einer Pfütze badet. Ganz zu schweigen von dem Moment, als er Freundschaft mit Nachbars Riesenschnauzer schloss und die beiden sich zärtlich gegenseitig das Gesicht leckten.

Wenn ich daran denke, welche Verhaltensmaßregeln mir die Kinderschwester in der Klinik eingebläut hat, um mein armes Kind vor Bakterien zu schützen: Hände desinfizieren vor jedem Füttern, Sterilisieren von Fläschchen und Saugern, Rasseln und Beißringe auskochen, sobald sie den Boden berührt haben! Ein paar Wochen hielt ich den Drill durch, dann holte mich der Alltag ein. Nun werden die Hände gewaschen, die Fläschchen in der Maschine gereinigt, das Spielzeug abgespült. Und siehe da: Leo hatte noch nie eine Krankheit, die auf mangelnde Hygiene zurückzuführen gewesen wäre! Auch Hygiene-Experten sind der Meinung, dass zu viel Putzen eher schadet als nützt. Ein gesundes Kind ist resistent gegen die üblichen Haushaltskeime. Und beim Versuch, die »bösen« Keime auszurotten, gehen unweigerlich die »guten« mit drauf. Eine gestörte Keimflora aber macht anfällig für Krankheitserreger. Ein normal gepflegter Haushalt ohne sichtbaren Dreck gilt daher als völlig ausreichend.

Nun könnte ich mühelos meine gesamte Zeit mit Schrubben und Bohnern zubringen, denn auf geheimnis-

volle Weise produziert mein Haushalt ununterbrochen neuen Dreck. Höre ich am einen Ende auf, kann ich am anderen wieder beginnen. Es kommt also darauf an, das Dreckproblem zu rationalisieren. Zur Zeit ist Leo 73 Zentimeter groß, ich achte deshalb darauf, dass bis zu dieser Höhe keine größeren Verschmutzungen entstehen. Das bedeutet in erster Linie, den Boden sauber zu halten. Ich habe sechs Paar Hausschuhe in verschiedenen Größen angeschafft und bitte unsere zahlreichen Besucher freundlich, aber bestimmt, ihre Straßenschuhe auszuziehen. Genuschelte Kommentare wie »Ich hab aber ein Loch in der Socke!« oder »Muss man bei euch auch mit Stäbchen essen?«, überhöre ich geflissentlich.

»Drei Pfund Dreck im Jahr braucht ein Kind«, sagt der Volksmund. Ich solle das nicht ganz wörtlich nehmen, empfiehlt mir Franz Daschner, Hygiene-Professor in Freiburg. »Zu viel Dreck macht ein Kind krank, aber wenn es nie mit Schmutz in Berührung kommt, kann es auch keine Abwehrkräfte bilden.«

Wenn ein Kind mal ein bisschen Sand aus der Buddelkiste probiert, ist das also kein Grund zur Panik (vorausgesetzt, der Sandkasten dient nicht gleichzeitig als Katzen- oder Hundeklo, wie auf öffentlichen Spielplätzen leider üblich). Was ist aber nun mit der Klobürste, die natürlich auch Leo außerordentlich faszinierend findet? Ich hab ihm einfach eine neue zum Spielen gekauft. Die »echte« verwahre ich in einem Schränkchen, das dem Forscherdrang meines Sohnes widersteht. Ein kleiner Zettel verrät Besuchern, wo das unentbehrliche Ding versteckt ist.

11 Monate

*Vater und Sohn haben eine kurze Abwesenheit meinerseits
für ein gemeinsames Komplott genutzt: Als ich nach Hause komme, verkündet Peter stolz, er habe mit ihm trainiert,
und Leo könne jetzt »Mama« sagen. Gerührt fordere ich meinen
Sohn auf: »Bärchen, sag mal ›Mama‹!«
Leo grinst mich verschmitzt an. Dann sagt er »Baba!«*

Donnerwetter

Nein, nein, nein!« Leo (1 1/2) steht brüllend in seinem Bett. Seit Wochen gibt es jeden Abend Theater, weil er sich in den Kopf gesetzt hat, im elterlichen Bett einzuschlafen, mit Mama neben sich. Nach harten fünfzehn Minuten kapituliere ich wieder einmal, packe Leo und trage ihn in unser Schlafzimmer. Mit einem zufriedenen Seufzer fällt er in die Kissen und schläft im nächsten Moment ein. Und ich koche innerlich. Bis heute habe ich jeden Kerl, der mir vorschreiben wollte, in welchem Bett er schläft, aus meinem Leben entfernt. Und nun zwingt mir ein 80 Zentimeter kleiner Knirps seinen Willen auf!

Ich muss mich ziemlich beherrschen, meinen Ärger über diese neuen Machtverhältnisse nicht an Leo auszulassen. Denn natürlich hat er ein Recht auf fast alles, was er von mir fordert. Wenn er Angst hat, muss ich bei ihm bleiben, auch wenn ich viel lieber den spannenden Film im Fernsehen anschauen würde. Wenn er nachts Durst hat, muss ich aufstehen, selbst wenn ich todmüde bin. Und wenn er sich bis zum Kragen voll scheißt, muss ich ihn wickeln, auch wenn es das fünfte Mal an diesem Tag ist. Er ist immer im Recht, denn er braucht mich.

27

Und ich bin mit meiner Ungeduld immer im Unrecht, denn ich wollte ihn.

Bis zu Leos Geburt fühlte ich mich ziemlich abgeklärt und erwachsen. Ich glaubte nicht, dass mich noch mal irgendwas oder irgendwer aus der Fassung bringen könnte. Und nun passiert es immer wieder, dass ich dastehe und mit meinem Latein am Ende bin. Nichts von dem, was ich bisher gelernt habe, hilft mir in diesen Situationen weiter. Ich weiß, wie man eine Steuererklärung macht, wie man Auto fährt oder einen Marmorkuchen backt. Ich spreche Italienisch, kann Pullover stricken und einen Stecker an ein Stromkabel montieren. Alles schöne Fähigkeiten, nur: Was nützen sie mir, wenn es darum geht, ein trotzendes Kleinkind zu bändigen? Jeden Tag muss ich völlig neue Dinge lernen, und ich werde mit Seiten in mir konfrontiert, von deren Existenz ich bislang nicht einmal etwas ahnte.

Bevor es Leo gab, teilte ich Eltern in zwei Gruppen auf: In die »guten«, die liebevoll, ruhig und besonnen mit ihren Kindern umgingen, und in die »bösen«, die ihre Kinder anbrüllten und womöglich schlugen. Seit ich selbst Mutter bin, sieht die Welt (nicht nur in dieser Hinsicht) anders aus. Auch ich habe schon ein paarmal gebrüllt, aus

Hilflosigkeit, Überforderung, Wut. Und ich habe Leo zu meinem eigenen Entsetzen auch schon auf die Finger geklapst, als er alle Blüten meines einzigen Rosenstrauches abgerissen hatte. Hinterher war ich völlig fertig und fühlte mich als pädagogische Totalversagerin. Ich, die so viel über Kindererziehung zu wissen glaubte, hatte die Beherrschung verloren und mein Kind gehauen! Es war furchtbar. Noch furchtbarer aber war, dass mich das Gefühl beschlich, es könnten Situationen auf mich zukommen, in denen ich vielleicht sogar zu Schlimmerem fähig wäre. Mein Bild von den »guten« und den »bösen« Eltern geriet ins Wanken, denn offenbar kann auch eine gute Mutter (und dafür halte ich mich nach wie vor) an ihre Grenzen kommen.

Scheinbar grundlos tyrannisieren uns die lieben Kleinen mit ihren Forderungen, Ängsten und Launen. Und man selbst hat die guten Ratschläge im Kopf, die gratis von wohlmeinenden Mitmenschen – bevorzugt Kinderlosen – verteilt werden. »Lass das bloß nicht einreißen«, heißt es dann zum Beispiel. »Der will doch nur sehen, wer der Stärkere ist. Da musst du hart bleiben!« Und obwohl es mehr als albern ist, einem kleinen Kind die eigene Überlegenheit beweisen zu wollen, wird man doch sauer, wenn man in der nächsten Runde des vermeintlichen Machtkampfes wieder den Kürzeren zieht. Ob berechtigt oder nicht, manchmal kommt sie einfach, die Wut. Eine Kettenreaktion beginnt: Ich bin ungeduldig, mein Kind bockt, ich werde sauer, mein Kind bockt noch mehr, ich fange an zu schreien, mein Kind schreit auch, und plötzlich steigt dieser Zorn in mir hoch, und ich könnte … ja, ich könnte ausrasten. Und genau das will ich um jeden Preis vermeiden. Deshalb gilt es, Strategien zu finden, diesen Kreislauf zu durchbrechen.

Eine der potenziellen Krisensituationen zwischen Leo und mir waren anfangs die Mahlzeiten. Er panschte im Essen, spuckte jeden zweiten Bissen aus, nölte und nervte. Wenn ich merkte, dass es sich wieder zuspitzte, brachte ich das Essen aus seiner Reichweite, ging für einen Moment vor die Türe und holte dreimal tief Luft. Dabei sagte ich mir:

Erstens: Er kann es noch nicht besser.

Zweitens: Die Sauerei kann man aufwischen.

Drittens: Es ist noch kein Kind freiwillig verhungert.

Seit ich erkannt habe, dass diese Kämpfe entwürdigend und zermürbend für uns beide sind und nichts bringen außer Frust und Ärger, lasse ich sie einfach bleiben. Ich konzentriere meine Energie darauf, Leo in gefährlichen Situationen zu beschützen. Aber ihn mit Gewalt davon abzuhalten, die Töpfe aus dem Schrank zu räumen, nur weil ich keine Lust habe, sie wieder einzuräumen – das habe ich aufgegeben. Seither bin ich zufriedener mit meinem Selbstbild von der »guten« Mutter und gerate seltener in Rage. Natürlich wollen Kinder ab einem gewissen Alter auch ihre Grenzen austesten und fordern ihre Eltern durch ihr Verhalten dazu auf, sie ihnen zu zeigen. »Ein ›Nein‹ kann auch wichtige Orientierungshilfe für Kinder sein. Sie wollen mitgeteilt bekommen, wann Schluss ist.«

Michael Nitsch vom Münchner Kinderschutzzentrum hat eine Menge Erfahrung mit Rat suchenden Eltern. »Niemand nimmt sich vor, sein Kind anzuschreien oder zu schlagen. Alle Eltern, denen das passiert, tun es aus Hilflosigkeit. Sie handeln im Affekt und spüren meistens, dass sie sich falsch verhalten haben. Wenn sie dann hier anrufen, ist das der erste Schritt zu einer Lösung«, rückt auch er das Bild von den guten und den bösen Eltern zurecht. Die Hilfe Suchenden kommen aus allen sozialen Schichten, denn auch Wohlstand und akademische Bildung schützen nicht vor Überforderung. »Viele Eltern haben idealisierte Bilder über Familie und Kinder im Kopf, die irgendwann mit der Realität kollidieren. Wenn die eigene Familie nicht so nett und adrett um den Frühstücks- tisch sitzt wie in der Werbung oder der Fernsehserie, haben die Leute das Gefühl, etwas falsch zu machen. Oft versu- chen sie dann buchstäblich mit Gewalt, die Bilder in Einklang zu bringen.«

Ich bin etwas getröstet. Nun weiß ich, dass ich keine Rabenmutter bin, auch wenn ich gelegentlich ungeduldig, gestresst oder zornig bin. Die Wut im Bauch darf auch mal sein. Und inzwischen kann ich auch Leos Bedürfnis, neben mir einzuschlafen, anders sehen. Ich genieße unsere

Kuschelstunde, singe ihm was vor und erzähle ihm vom vergangenen Tag. Seit ich entspannter bin, schläft er besser ein. Und ein paarmal ist es mir sogar gelungen, ihn zum Einschlafen im eigenen Bett zu bewegen.

1 Jahr

Der Knabe führt etwas im Schilde: Er vergewissert sich,
dass wir abgelenkt sind, dann krabbelt er los. Sein Ziel: die
Topfpflanze. Seine Mission: die Erde umgraben.
Aber die Tat kommt nicht zur Vollendung. »Nein, nein, nein!«,
schimpft er unterwegs unüberhörbar vor sich hin.
Und so kommt, bevor das Ziel erreicht ist, ein großer
Erwachsenenarm und hebt das widerstrebende Kind in die Höhe,
weit weg von der Topfpflanze. Gemein eigentlich.

Lieber Leo!

Morgen wirst du zwei Jahre alt. In einem schlauen Buch über Kindererziehung las ich: »Mit zwei Jahren wird den Eltern eine kurze und willkommene Atempause gewährt zwischen der schwierigen, anspruchsvollen Phase der 18 bis 21 Monate und dem noch strapaziöseren und schwierigeren Alter von zweieinhalb, das schon bald folgen wird.«(*)

Das macht Mut, nicht wahr? »The terrible two« nennen die Amerikaner dieses Alter, und auch bei uns spricht man gelegentlich von den »schrecklichen Zweijährigen«. Vielleicht interessiert es dich später mal, wie »schrecklich« du damals warst – und wie entzückend natürlich auch!

Du bist nun kein Baby mehr, sondern ein selbstbewusstes Menschlein mit einer ausgeprägten Persönlichkeit und einem eisernen Willen. Mit äußerster Energie versuchst du, deine Vorstellungen durchzusetzen. Jeder Tag gleicht einem Ringkampf. Du willst, dass ich dir zum Frühstück Schokolade gebe – ich will nicht. Ich will, dass du nachmittags ins Bett gehst – du willst nicht. Du willst bei 10 Grad die Blumen im Garten gießen (wobei du selbst

*) »Unser Kind«, Hrsg. der deutschen Ausgabe: Christine Brasch, München 1992

34

klatschnass wirst) – ich will nicht. Ich will, dass du dir
die Schuhe anziehen lässt – du willst nicht. Undsoweiter-
undsofort.

Natürlich frage ich mich gelegentlich, ob ich das Recht
habe, dir meinen Willen aufzuzwingen. Warum soll das,
was ich will, berechtigter sein als das, was du willst?
Es ist allerdings auch eine Frage der Rhetorik. Schön blöd,
dich zu fragen: »Willst du jetzt endlich ins Bett???«
Klar, dass du laut und vernehmlich »Nein!« sagst. Viel
schlauer ist es, zu fragen: »Willst du das Apfel-Buch oder
das Nina-Buch mit ins Bett nehmen?« Diese schwierige
Entscheidung lenkt dich von der Tatsache ab, dass du
dich bereits auf dem Weg ins Bett befindest. Nach dem
Zahnputzkampf (»Mach bitte den Mund auf!« »Nö!«
»Mach jetzt endlich …« »Nein«! »Gut, dann gibt's nie wie-
der Schokolade!«) beginnt das Abendprogramm:
Du: »Gute Nacht, Füße, schlaft schön. Gute Nacht, Popo,
schlaf schön. Gute Nacht, Bauch, schlaf schön …«
Ich: »Und der Leo schläft jetzt auch!«
Du: »Mama auch, dahin!« (Du drückst meinen Kopf auf
dein Kopfkissen.)
Ich: »Mama erzählt dir eine Maus-Geschichte. Es war
einmal eine kleine Maus …«

Am Ende der Geschichte kommt sofort ein energisches: »Nomal!« Danach bringen wir gemeinsam alle Freunde, Nachbarn und Verwandten ins Bett:

Ich: »Der Georg?«

Du: »Schläft!«

Ich: »Die Oma?«

Du: »Schläft!«

Ich: »Der Beni?«

Du: »Schlaft!« (Es folgen ungefähr zwanzig weitere Namen.) Endlich nimmst du den Daumen in den Mund, schnaufst ein paarmal, drehst dich hin und her und schläfst ein. An manchen Abenden ist es halb elf, bis du endlich Ruhe gibst. Puuh, sind eigentlich alle Kinder so anstrengend?

Ich frage eine Frau, die es wissen muss. Karin Grossmann, Entwicklungspsychologin in Regensburg, meint: »Im Prinzip ja. In diesem Alter beginnt das, was wir ›Abgrenzung‹ nennen. Die Kinder beginnen, ihre eigenen Pläne und Ideen zu verfolgen. Um das zu können, müssen sie erst mal Nein sagen.«

Aha, deshalb also. Denn eigentlich kriege ich zur Zeit auf jede Frage ein Nein zur Antwort. »Oft meinen die Kinder gar nicht wirklich nein. Aber um rauszufinden, was sie wollen, müssen sie das Angebot oder die Vorschrift der Eltern erst einmal zurückweisen.« Gelegentlich stellst du dir auch selbst eine Falle, wenn du vor lauter Ablehnung gar nicht mitgekriegt hast, was im Angebot ist:

Ich: »Willst du einen Keks?«
Du: »Nein!«
Ich: »Willst du ein Stück Kuchen?«
Du: »Nein!«
Ich: »Gut, dann eben nicht!«
Du: »Doch!«
Ich: »Na, was denn jetzt?«
Du: »Kuchen. Nein! Keks. Kuchen!« (Rest geht in Gebrüll unter.)

Manchmal tust du mir richtig Leid. Alles, was Spaß macht, ist verboten, und ständig heißt es: »Mach dies, tu jenes, lass das, Finger weg, aufpassen!« So ein Kinderleben ist ganz schön hart, und ich verstehe, dass du dich manchmal einfach sperrst. »Eltern wollen alles unter Kontrolle haben und bestimmen. Es ist eine enorme Anstrengung für Kinder, eigene Vorstellungen zu entwickeln und durchzusetzen. Es gibt drei Bereiche, wo ein Kind in diesem Alter nicht gezwungen werden kann: Essen, Schlafen und Ausscheidung. Deshalb findet die Verweigerung meist auf einem dieser Gebiete statt«, beschreibt Frau Grossmann ihre Erfahrungen.

Stimmt, die größten Kämpfe haben wir um das Schlafen, und dabei ziehe ich regelmäßig den Kürzeren. Das Topfsitzen hingegen ist eine deiner Lieblings- beschäftigungen – vermutlich, weil ich in diesem Punkt nicht besonders ehrgeizig bin. Was das dritte Krisen- gebiet, das Essen, betrifft, habe ich mir inzwischen eine fatalistische Einstellung angeeignet. Wenn du willst, dann isst du, und wenn nicht, dann lässt du's eben bleiben. Die Panscherei und Schmiererei trage ich mit Fassung, und so haben wir auf diesem Gebiet eigentlich kein Problem mehr.

Sonst machst du aber unter Garantie immer das, was du nicht sollst. Wenn ich rufe: »Komm her!«, rennst du weg. Wenn ich dich gerade an- gezogen habe, reißt du dir die Jacke wie- der runter oder ziehst die Schuhe aus (Scheiß-Klettverschlüsse)! Wenn ich dich gerade gewickelt habe, pfriemelst du in einer Sekunde die Klebestreifen wieder auf und verkündest: »Windel aus!« Das ist wohl das bereits erwähnte Verfolgen eigener Pläne – und von denen hast du eine Menge!

Allmählich kann man aber in Verhandlungen mit dir treten. Zweijährige entwickeln bereits eine Vorstellung von Zeit, wie Frau Grossmann bestätigt. »Das Erstrebenswerte sollte aber nicht in zu weiter Ferne liegen. Der Begriff ›morgen‹ ist für einen Zweijährigen noch nicht zu fassen.« Ein Vorschlag wie »jetzt räumen wir zusammen die Bauklötze auf, und dann machen wir Abendessen« stößt bei dir aber durchaus auf Verständnis. Überhaupt machst du unheimlich gerne etwas mit mir oder Peter zusammen. Beim Gartensprengen hältst du mit wichtiger Miene den Schlauch fest und bist unheimlich eifrig. »Blumen duschen« nennst du das, und es gehört zu deinen liebsten Tätigkeiten. Meistens heißt es natürlich: »Leo selber« oder »Leo leine«, und mit gemischten Gefühlen schauen wir zu, wie du die schöne Keramikschüssel von der Spüle zum Schrank trägst oder ohne Hilfe aus deinem Hochstuhl kletterst. Selbst ist das Kind, und schließlich sollst du dir später mal was zutrauen. »Die Entdeckung, dass es etwas kann, ist das Schönste für ein Kind«, bestärkt uns die Psychologin. Manchmal hilft es nichts, dann muss man dich davon abhalten, an der Ampel aus dem Buggy zu steigen oder einen Briefbeschwerer als Wurfgeschoss zu verwenden – und dann kriegst du einen Wutanfall. Karin Grossmann: »Es gehört einfach zu den Lernerfahrungen dieser Phase, dass es Verbote gibt. Oder dass die Entscheidung für eine Sache bedeutet, dass man eine andere nicht haben kann. Das ist schmerzlich, aber unvermeidlich.«

Mein lieber, kleiner Sohn. Du siehst, es ist nicht immer einfach mit dir, trotzdem bist du ein bezaubernder und liebenswerter Bursche! Seit du angefangen hast zu sprechen, überraschst du uns täglich aufs Neue, und es gibt ständig was zu Lachen.

Du hast morgens die Augen noch nicht auf, da geht schon dein Mundwerk los. »Paaapa! Milch!«, lautet der erste Befehl, und Papa spurt sofort. Immer wieder setzt du dann die Flasche ab, um wichtige Mitteilungen zu machen. »Der Leo schön schlaft«, heißt es dann oder in Vorfreude auf kommende Heldentaten: »Der Leo den Ball runterschmeißen.« Dann gibst du die leere Flasche zurück und sagst »Danke!«. »Der Leo jetzt aufstehen« ist das Nächste, und schon ziehst du den Reißverschluss deines Schlafsacks auf. Ab dann gibt's kein Halten mehr, und voller Tatendrang stürzt du dich in den Tag. Mit dem »Staubsauber« willst du spielen, oder »Nosik« (Musik) hören. »Tina Törner« konstatiertest du kürzlich mit Kennermiene, als eine Frau im Radio sang. Und beim

Löffeln einer Eiskugel sagtest du plötzlich: »Köstlich!«
in einem Tonfall, dass die ganze Tischrunde in Gelächter
ausbrach.

Wenn du dann am Ende eines Tages im Bett liegst, mein
Gesicht in deine Hände nimmst und sagst: »Duuu, Mama:
Der Leo ein Tiger!«, und gleich darauf. »Mama lieb!
Mama sehr lieb!« – dann bin ich restlos glücklich, dass
es dich gibt!

Alles Gute zum Geburtstag!
Deine Mama

Störenfried

Als ich noch meinen dicken Bauch durch die Gegend schob, war alle Welt begeistert. »Ach, Sie bekommen ein Kind, wie schön! Wann ist es denn so weit? Wird's ein Bub oder ein Mädel?« So klangen die begeisterten Ausrufe meiner Mitmenschen. Lange nicht mehr so begeistert waren diese Mitmenschen, als ich wenig später versuchte, mit dem sperrigen Kinderwagen eine U-Bahn zu entern oder durch die engen Gänge eines Supermarktes zu manövrieren. Da war das nun nicht mehr Platz sparend verpackte Kind bereits ein Störfaktor im reibungslosen Ablauf der Erwachsenenwelt.

Wie eine schamlose Erregerin öffentlichen Ärgers und obendrein wie eine Exhibitionistin fühlte ich mich, wenn ich irgendwo stillen musste. »Kann die das nicht zu Hause machen?«, fragten mich die Mitmenschen-Blicke, und zerknirscht antwortete ich innerlich: »Ja, schon, aber dann darf ich nie mehr das Haus verlassen, denn ich weiß nun mal nicht, wann mein Sohn Hunger kriegt.«

Nahmen wir das Baby mit ins Restaurant, wurden wir argwöhnisch beäugt. Dass das Balg bloß nicht losplärrt!

Unsere Nervosität übertrug sich natürlich auf das Kind, und bald brüllte Leo tatsächlich, was mich oder meinen Mann zum fluchtartigen Verlassen des Etablissements brachte. Einer von uns blieb immer hungrig – und der andere mit schuldbewusster Miene im Lokal zurück.

Die Begeisterung über unseren Familienzuwachs ließ auch bei unseren kinderlosen Freunden bald nach. Das anfängliche Interesse verwandelte sich in ein gewisses Unverständnis über unsere mangelnde Spontaneität. Manch lieber Freund konnte einfach nicht begreifen, dass junge Eltern nicht zu beliebigen Zeiten ins Kino gehen können – schon gar nicht zusammen. Oder dass wir uns an ausgiebigen nächtlichen Trinkgelagen nicht mehr beteiligen wollten. Dass die Gespräche sich nur noch um Kinderkram drehten, wurde bemängelt. Und dass wir sowieso lieber mit den Freunden zusammen wären, die auch Kinder hätten.

Stimmte ja auch. Wer selbst gerade mit schlaflosen Nächten, Stillproblemen und Blähungen zu kämpfen hat, kann einfach besser nachvollziehen, wie es einem geht. Und wenn die eigenen Kinder größer sind, ist man ohnehin gut beraten, sich Freunde mit gleichaltrigen Kindern zu suchen. Jeder Nachmittagskaffee, jeder Ausflug und besonders Urlaubsreisen sind bedeutend

entspannender für uns, wenn Spielkameraden für unseren Sohn dabei sind.

Wie anstrengend dagegen ein Besuch mit Kind/ern in einem kinderlosen Haushalt! Woher soll Leo (2) wissen, dass die Hauskatze »leider keine Kinder mag«, dass die alte Gitarre in der Ecke ein wertvolles Erbstück ist, dass man auf dem empfindlichen Teppichboden »eigentlich nicht« spielen sollte und dass die Pflanze, die er gerade platt-getreten hat, eine japanische Zwergmagnolie war? Wenn nach spätestens einer Stunde die Gastgeber vorsichtig fragen: »Kleine Kinder schlafen doch viel, wollt Ihr ihn nicht mal ein bisschen hinlegen?« – dann ist das für uns das Zeichen zum Aufbruch. Ohne jeden Groll, ganz ehrlich. Aber um die Erfahrung reicher, dass das Leben von Nicht-Kinderbesitzern mit dem von Kinderbesitzern kaum kompatibel ist.

Schade, dass nicht mal die Betroffenen solidarisch sind. Ist ein Kind aggressiv, geht auf Kleinere los oder rauft um Spielzeug, ist das für die Mutter peinlich genug. Statt ihr verständnisvoll zuzuzwinkern, rücken die anderen Mütter zusammen und werfen empörte Blicke auf den Missetäter. Das führt dazu, dass man sich in der Öffentlichkeit ständig gezwungen sieht, sein Kind zu maßregeln. Zum Beispiel, wenn Leo das Nachbarskind mit Sand bewirft. Meiner Überzeugung nach sollten Eltern sich nicht in die Händel ihrer Kinder einmischen. Außerdem ist das Nachbarskind auch kein Engel. Weil aber die Nachbarin zuschaut, fühle ich mich verpflichtet, demonstrativ mit meinem Sohn zu schimpfen.

Kinder spüren sehr schnell, wenn ihre Eltern in Stress geraten, weil sie Angst vor den Reaktionen ihrer Umgebung haben. Im Regelfall fordert es sie heraus, sich noch schlechter zu benehmen – wann hat man schon Gelegenheit, die Eltern mal richtig in Verlegenheit zu bringen? Das musste auch Dorothee erfahren, deren fünfjährige Tochter eine Zeit lang folgendes Spiel aufführte: Sobald sie ihren Willen nicht bekam, warf sich das Kind, gegen das niemals ein Erwachsener die Hand gehoben hatte, auf den Boden und schrie melodramatisch: »Nicht schlagen, bitte nicht schlagen!« Die Umstehenden sahen sich interessiert das Spektakel an, während die gepeinigte Mutter in den Boden versinken wollte. Noch schwieriger ist es, wenn man es mit Leuten zu tun hat, die kleine Kinder sowieso für eine Strafe

1 Jahr

Münchner Filmfest 1992. Sonntagnachmittag.
Vater und Mutter haben sich in die VIP-Lounge gemogelt und
trinken Kaffee, Kind macht Gehübungen zwischen den
Cineasten. Unruhe unter den Gästen, Fotografen belagern den
Eingang. Der Ehrengast des Festivals, Audrey Hepburn,
erscheint. Vater und Mutter versinken in Anbetung. Das Kind
schlängelt sich unbemerkt durch den Wald aus
Erwachsenenbeinen. Mit einem Jauchzer steuert es auf den
Weltstar zu. Die Mutter macht einen Hechtsprung von
ihrem Barhocker und bekommt den Knaben zu fassen – Sekunden
bevor er die Knie der berühmten Dame umklammern kann. Ein
amüsierter Blick aus den einzigartigen Rehaugen fällt auf ihn. Ach
Leo, wie nah warst du dem Glück!

Gottes halten. Kürzlich dekorierte Leo im Biergarten den Nebentisch mit ein paar (winzigen!) Kieselsteinen, was zweifellos als Sympathiebeweis für die beiden dort sitzenden älteren Damen zu werten war. Dezentes Stirnrunzeln und ein verkniffenes Mündchen signalisierten mir, dass sich die Begeisterung der Damen in Grenzen hielt. Wie hätte ich reagieren sollen? So tun, als hätte ich nichts gesehen? Dem Knaben Einhalt gebieten? Ich habe mich entschlossen, den Vorgang zu ignorieren. Ist doch nicht mein Problem, wenn die Damen keine Kieselsteine mögen.

Die Ablehnung, die Kindern entgegenschlägt, ist meist unterschwellig – das macht es so schwer, darauf zu reagieren. Wenn mir ein Freund sagt: »Kommt doch mal wieder vorbei, aber lasst eure kleine Nervensäge zu Hause, damit wir ungestört reden können«, dann ist das in Ordnung. Ich kann schließlich auch begreifen, dass einem Kinder auf den Wecker gehen können. Wenn aber Leute im Restaurant, im Zug oder im Wartezimmer ärgerlich rüberschauen, tuscheln oder durch ihre ganze Körpersprache ausdrücken, wie störend sie mein Kind finden, dann bin ich hilflos. Denn kaum jemand hat den Mut, auf die Frage: »Stört Sie mein Kind?«, wahrheitsgemäß mit »Ja« zu antworten. So entsteht dieses latent gespannte Klima, in dem wir Mütter unsere Kinder am liebsten fesseln und ihnen die Münder mit Tesakrepp verkleben würden, damit sie bloß niemandem zur Last fallen.

Bereitwillig tolerieren wir Straßenlärm, Tiefflieger, blödes Stammtischgegröle und andere, von Erwachsenen verursachte Störungen. Aber wehe, Kinder lassen ihrer Lebenslust geräuschvoll freien Lauf – da hört der Spaß auf! Kinder müssen aber mal laut sein, sie müssen mal aggressiv und frech sein dürfen. Erwachsene müssen das aushalten können. Eltern müssen es ertragen, wenn ihre Sprösslinge mal anecken. Wer sich von Kindern stören lässt, ist selbst schuld. Statt Rücksicht auf die Kinderfeinde um uns zu nehmen, sollte man ihnen die Chance geben, sich an Kinder zu gewöhnen. Nicht Kinder sind schließlich eine Zumutung – viele Erwachsene sind es!

Die Spielzeugflut

Ausmisten im Kinderzimmer. Die Babyrassel – ab in die Kiste mit »rausgewachsenem« Spielzeug. Der Wasserball? In den Schrank mit »Sommersachen«. Die kaputte Spieluhr? In den Müll. »Neiiin!«, protestiert Leo bei jedem Teil. »Meins!«

Erstaunlich, was schon ein Zweijähriger für Spielzeugberge angehäuft hat – dabei sammelt er ja erst so kurz. Wie viele Tonnen werden es sein, wenn er fünf, acht oder vierzehn ist?

Wie viel Spielzeug ist gut für mein Kind? Welches Spielzeug passt zu welchem Alter? Welche Wünsche soll ich erfüllen, welche nicht? Schwierige Fragen.

Leo war gerade anderthalb, da bekam er Besuch von seinem etwas älteren Freund Alexander. Dieser war im Besitz eines bunten Kinder-Kassettenrekorders mit einer beeindruckenden Zahl von Knöpfen. Leo war total fasziniert. Stundenlang spulte er hin und her, drückte die Knöpfe und fand den Apparat großartig.

Schließlich erbarmte sich Alexanders Mutter und schenkte ihm die Wundermaschine zum Geburtstag. Er freute sich, aber es war offensichtlich, dass er mit der eigentlichen Funktion noch nicht viel anfangen konnte. Die Musik interessierte ihn viel weniger als die Frage, ob man mit dem Hammer auf die Knöpfe hauen kann. Da beschloss ich, den Apparat so lange wegzupacken, bis Leo alt genug ist, damit umzugehen.

Dieser Vorfall machte mir deutlich, dass es wichtig ist, den richtigen Zeitpunkt für eine Anschaffung oder ein Geschenk abzuwarten. Nur weil Leo – inzwischen zweieinhalb – es zur Zeit lustig findet, auf der Gitarre seines Vaters herumzuschrammeln, wäre es verfrüht, ihn zur Gitarrenstunde anzumelden. Als er aber wochenlang Interesse an unserem Badmintonspiel zeigte, schenkten wir ihm ein Federballspiel, an dem er den ganzen Sommer hindurch den größten Spaß hatte. Erheblichen Anteil an diesem Spaß hatte übrigens die Tatsache, dass man Federball zu zweit spielt. Mit jemand zusammen was zu machen, finden Kinder meistens am tollsten.

Nicht immer sind es die teuren Sachen, für die sich Kinder begeistern. Das Lieblingsspielzeug von Rosa (knapp 3) sind derzeit zwei bunte Holzperlen. Die gelbe ist Mama, die blaue Papa. Sie spielt ganze Psychodramen in dieser Besetzung und geht ohne die beiden nicht ins Bett. Leo liebt von allen seinen Sachen am meisten einen kleinen, weichen Stoffball, der einst eine Spieluhr zierte und nun in

tausendfacher Funktion in seinen Spielen auftaucht. Wochenlang war ein einfacher Holzstock sein wichtigstes Requisit, und er schmeißt jedes Spielzeug weg, wenn einer von uns ein Bilderbuch mit ihm anschaut oder eine Geschichte erzählt.

Aber auch er bekommt leuchtende Augen beim Anblick eines Traktors, einer tollen Eisenbahn oder eines schnittigen Dreirades. Ein Dreirad bekam er dann auch zum Geburtstag. Seine Omi freute sich übrigens sehr, als wir sie baten, sich doch daran zu beteiligen. Ich habe die Erfahrung gemacht, dass Paten, Onkel und Tanten dankbar sind für einen Tipp und sich auch gerne zu einem größeren Geschenk zusammentun.

Ich selbst kenne als mehrfache Patentante und Freundin zahlreicher Mütter die Probleme, vor die einen Kindergeburtstage und ähnliche Anlässe stellen. Süßigkeiten werden von Kindern geschätzt, nicht aber von den Müttern. Mit Kleidung macht man den Müttern eine Freude, aber nicht den Kindern. Bleibt nur Spielzeug. Und obwohl viele Eltern über die Spielzeugflut klagen – es wird eben doch erwartet, dass man nicht mit leeren Händen kommt.

Um eine weitere sinnlose Anhäufung von Gegenständen zu vermeiden, frage ich meist vor dem Besuch an, womit ich wirklich eine Freude machen kann. Dabei stellt sich dann zum Beispiel heraus, dass gerade der Lieblings-brummkreisel kaputt gegangen ist. Nichts leichter, als mit einem neuen einen Volltreffer zu landen! Das Würfel-spiel hingegen gibt's womöglich schon zweimal und wird deshalb besser für ein anderes Kind aufgehoben. Dankbar bin ich auch immer, wenn ich zu bereits vorhandenen Systemen (Plastikbausteinen oder -bausätzen, Holz-schienenbahn und so weiter) etwas dazuschenken kann. Deshalb am besten beim eigenen Kind frühzeitig auf ein oder zwei Systeme festlegen.

Eine harte Geduldsprobe sind Besuche bei anderen Kindern. Selbst wenn das eigene Zimmer überquillt, fin-det jedes Kind die Spielsachen anderer Kinder tausendmal spannender. Deshalb gibt es beim Abschied fast immer Tränen. Ist ja auch schwer zu verstehen, warum Mami einen erst mittenrein setzt in so ein Spielzeugschlaraffenland, und zwei Stunden später soll man alles wieder hergeben. Leo fixiert sich meistens auf einen Gegenstand, den er unter keinen Umständen rausrücken will. Weil seine kleinen Freunde auch bei uns einiges hochinteressant finden, hat sich inzwischen ein komplexes System von gegenseitigen Leihgaben gebildet. Leo darf den Ball von Naomi mitnehmen, dafür kriegt Magdalena den kleinen Hund geliehen – aber nur, wenn sie den Frosch wieder hergibt, den sie letztes Mal mitnehmen durfte …

Beim Spiel in fremden Kinderzimmern stoßen Kinder auch auf Spielzeug, das traditionell dem anderen Geschlecht vorbehalten ist. Zu diesem Thema gibt es die unterschiedlichsten Ansichten. Feministisch angehauchte Mütter plädieren dafür, kleinen Jungen Puppen und kleinen Mädchen Autos zum Spielen zu geben. Aus den Jungen werden dann angeblich keine Machos und aus den Mädchen keine Hausmütterchen. Ich persönlich meine, man soll Kinder mit dem spielen lassen, was ihnen Spaß macht. Sollte sich Leo tatsächlich innigst einen Puppenwagen wünschen, würde ich ihm einen schenken.

Sollte er ein Rennauto vorziehen – bitte schön! Eine dritte Ansicht vertritt meine Freundin Daniela: »Ich wollte es lange nicht wahrhaben, aber mittlerweile bin ich sicher: Es gibt ein ›Puppen-Gen‹ bei Mädchen und ein ›Pistolen-Gen‹ bei Jungen! Mein Sohn und meine Tochter interessieren sich für grundsätzlich andere Dinge.«

Diplom-Psychologin Karin Grossmann bestätigt diese Beobachtung: »Da ist auch aus wissenschaftlicher Sicht etwas dran. Untersuchungen beweisen, dass sich die hormonellen Unterschiede zwischen Jungen und Mädchen auf ihr Spielverhalten und ihre Interessen auswirken.« Aha, da haben wir's wieder: Wir können uns noch so große Mühe geben mit der Erziehung – bestimmte Vorlieben bringen unsere Kleinen einfach mit!

Hat es Sinn, bestimmte Spielsachen zu tabuisieren und völlig zu verbieten? Ich glaube, nicht. Viel eher geht es doch darum, einen vernünftigen Umgang damit zu proben und dem Kind verständlich zu machen, warum man manche Spielsachen nicht mag. Dass man Barbie langweilig findet, weil sie sich nur für ihre Haare und ihre Kleider interessiert. Dass Waffen im wirklichen Leben Menschen verletzen und töten können.

Ich erinnere mich, dass unsere Eltern sich weigerten, uns »Schund« zu schenken. Kam er auf andere Weise ins Haus, wurde er »geächtet«, aber nicht gewaltsam entfernt. Sonst wäre er ja erst richtig interessant geworden. Außerdem haben unsere Eltern darauf vertraut, dass wir fantasievolle Kinder waren und dass es uns nicht gereicht hätte, uns nur mit »blödem« Spielzeug zu beschäftigen. Und so war es auch. Mit einer Knarre kann man halt einfach nur schießen, und das wurde uns schnell langweilig.

1 Jahr

Manchmal beneide ich Leo um sein Weltbild: Alle Lebewesen (außer Menschen) sind »wawa«, also auch Fliegen, Spinnen, Ameisen, Katzen, Kühe und Pferde. Alles, was Räder hat oder sich vorwärts bewegt, ist »brrm, brrm«. Und dann gibt's noch die Sachen zum Essen, die heißen »mmh!« Muss man mehr wissen?

Tanz um den Topf

Als Leo ein Jahr alt war, bekam er einen Topf geschenkt.
»Weil er doch schon ein großer Junge ist«, bemerkte Tante
Martha, die edle Spenderin. Das fand Leo auch und schob
fortan den Topf mit viel »brumm-brumm« durchs
Badezimmer. Natürlich hat ein einjähriges Kind noch
nicht die geringste Ahnung, wozu das Töpfchen dienen
soll. Deshalb fragte ich Tante Martha, was sie wohl damit
bezwecken wollte. Die Antwort fiel aus wie befürchtet:
»Du solltest jetzt unbedingt mit der Sauberkeitserziehung
beginnen. Je früher, desto besser! Ich war mit anderthalb
sauber!«

Dass auch Tante Martha irgendwann ein Baby gewesen
war und auf dem Topf gesessen hatte, konnte ich mir nur
schwer vorstellen. Im Geiste sah ich ihren Vater, einen
preußischen Offizier, wie er mit erhobener Reitpeitsche
die kleine Martha zur Sauberkeit erzog. Arme Tante
Martha, ihr Schicksal sollte meinem Sohn auf jeden Fall
erspart bleiben!

Ich setzte also zu einem längeren Vortrag an, in dem ich ihr
einige Erkenntnisse neueren Datums nahe brachte. Zum

Beispiel, dass Kinder vor ihrem zwanzigsten Lebensmonat nicht in der Lage sind, ihren Schließmuskel zu kontrollieren. Dass eine zu frühe und ehrgeizige »Sauberkeitserziehung« ein Kind überfordert und meistens nicht den gewünschten Effekt hat. Dass die körperliche Entleerung – ähnlich wie das Essen – eine lustvolle Erfahrung sein sollte, weil Störungen sonst vorprogrammiert sind. Und dass ich vermutete, dass Tante Martha viele, viele Stunden ihres Babylebens auf dem Topf zugebracht hatte, was zwangsläufig irgendwann zu einem Erfolg führen musste. Um es gleich vorwegzunehmen: Ich konnte sie nicht überzeugen. Tante Martha beharrte darauf, dass ein »sauberes« Kind ein erstrebenswertes Ziel sei und eine »gute« Erziehung diesen Vorgang beschleunige. Soviel ich weiß, glauben eine Menge Leute diesen Unfug.

Wir jedenfalls sperrten das Töpfchen weg, und Leo füllte weiterhin Windel um Windel. Als er ungefähr 20 Monate alt war, ließen wir ihn ein paarmal »Probe sitzen«. Er fand das spaßig, und siehe da: Irgendwann war ein kleiner See im Topf. Der löste bei Mama und Papa große Begeisterung aus. Als danach tagelang wieder die Windel nass war, wurde das gar nicht erwähnt. Die nächste Pfütze hingegen wurde wieder begutachtet und gelobt. Wir setzten Leo

auch nicht, wie Tante Martha empfohlen hatte, zu bestimmten Zeiten auf den Topf, sondern dann, wenn sowieso ein Windelwechsel anstand. Er fand diese Sitzungen durchaus spannend. Manchmal stand er fünfmal auf, um nachzusehen, ob schon was drin war. Dann saß er wieder eine halbe Stunde drauf, ohne dass sich was

2 Jahre

Leo ist das erste Mal am Meer. Selig balanciert
er an meiner Hand die Hafenmauer entlang. Aufgeregt gibt
er bekannt: »Der Leo Mäuerchen laufen
und Boote schauen! Der Leo sagt.- Oh, Wahnsinn!«

tat – wollte aber auch nicht aufstehen. Manchmal wollte er einfach gar nicht auf den Topf, und das war dann auch in Ordnung. So ging das viele Wochen, und niemand maß dem Thema besondere Beachtung bei. Kurz vor seinem zweiten Geburtstag dann das große Ereignis: das erste Aa-Würstchen, wie es von Leo getauft wurde. Die Resonanz war beachtlich, und Leo strahlte vor Stolz. Er entwickelte bald einen gewissen Ehrgeiz, die Würstchen zu produzieren, vermutlich, weil er es so toll fand, sie ins Klo zu kippen und die Spülung zu drücken. Kurz darauf begann er, die großen Geschäfte verbal mitzuteilen – allerdings meistens erst, wenn's passiert war. Deshalb trug er trotz steigender Erfolgsquote weiterhin eine Windel. Das fand Tante Martha bei einem ihrer Besuche völlig idiotisch. »So lernt er es doch nie!«, meinte sie kategorisch. »Lasst ihn ein paarmal in die Hose machen, dann merkt er, wie unangenehm das ist.« Wie unangenehm ich es finde, voll gemachte Hosen zu waschen, interessierte sie natürlich nicht.

Nicht alle Menschen in unserem Umfeld waren so unzufrieden mit unseren Erfolgen wie Tante Martha. Bärbel, eine Freundin mit einem gleichaltrigen Sohn, wurde blass vor Neid, als sie hörte, dass Leo schon auf den Topf ging. »Johannes brüllt los, wenn wir ihn nur draufsetzen wollen. Ich glaube nicht, dass wir ihn sauber kriegen, bevor er drei ist.« Na und?, dachte ich bei mir. Ich fragte mich: Warum sind die meisten Mütter so scharf drauf, dass ihre Kinder schnell aus den Windeln kommen? Für mich sind die Vorteile nicht so offensichtlich, denn kaum hat ein Kind keine Windel mehr an, wird es zum Beispiel unterwegs furchtbar umständlich. Kinder müssen immer dann, wenn kein Klo in der Nähe ist. Die Klos auf Rastplätzen oder in Restaurants sind oft so schmutzig, dass man ein Kind nicht draufsetzen kann. Und in der Anfangszeit ohne Windel passieren immer wieder Unfälle – natürlich dann, wenn man keine Ersatzklamotten dabei hat. Wie entspannend ist es dagegen zu wissen, dass das Kind eine Windel umhat und absolut nichts passieren kann!

Als Leo zweieinhalb war, schlief er nachts ohne Windel und kündigte tagsüber an, wenn er Pipi oder Aa musste. Wir waren selbst erstaunt über diesen schnellen Erfolg. Besonders, weil wir keinen Ehrgeiz in dieser Richtung entwickelt hatten. Lag womöglich gerade darin das Geheimnis? Sabine bestätigte diese Vermutung: »Beim ersten Kind machte ich ziemlichen Druck und war oft sauer, wenn David in die Hose machte. Er hat mich zur Verzweiflung gebracht, weil ich das Gefühl hatte, er macht es mit Absicht. Bei Lukas war ich viel gelassener und ließ ihn das

Tempo vorgeben. Er mochte den Topf nicht, er wollte gleich aufs Klo. Nachts brauchte er noch lange eine Windel, aber tagsüber war er mit gut zwei Jahren trocken.« Wir wähnten uns schon im Besitz eines Wunderkindes. Aber wir hatten uns zu früh gefreut: Plötzlich passierten gleich mehrere Malheurs. Zuerst nachts – gut, dachte ich, das kommt vor. Dann ging es aber auch tagsüber wieder los. Alle zwei, drei Tage hieß es: »Hab in die Hose gemacht!« Anfangs nahmen wir's gelassen. Dann fragten wir uns, ob wir was falsch gemacht hätten. Hatten wir Leo überfordert? War er vielleicht krank? Protestierte er auf diese Art gegen das erwartete Geschwisterchen? Wir waren ratlos.

2 1/2 Jahre

Leo: »Ich bin sooo genervt!« Ich: »Ja, warum denn?«
Leo: »Ich hab schlecht geschlafen!«

Wir wollten keinen Druck machen, aber vielleicht konnte man ihn ja mit guten Argumenten beeindrucken? Mit »Kinder, die noch in die Hose machen, dürfen nicht in den Kindergarten!«, versuchten wir es. »Will gar nicht in den Kindergarten!«, konterte er ungerührt. »Wenn du weiter in die Hose machst, kriegst du wieder Windeln an!« »Georg hat auch noch Windeln«, tröstete er uns. Als er an einem Tag drei Hosen vollgepinkelt hatte, sich aber gleichzeitig schreiend wehrte, überhaupt noch aufs Klo zu gehen, platzte mir der Kragen. Ich schimpfte ihn, er sei schließlich kein Baby mehr und warum er denn nicht mehr aufs Klo ginge?

»Weil ich keine Lust habe!«, lautete die lapidare Antwort. Da ging mir ein Licht auf: Das Aufs-Klo-Gehen war einfach nicht mehr so spannend wie am Anfang. Viel spannender war es jetzt, mit den Nachbarskindern zu toben oder aus Stühlen und Kissen eine Höhle zu bauen. Leo vergaß beim Spielen einfach alles um sich herum und überhörte die Signale seines Körpers – bis es zu spät war. Als sein Freund Ruben begann, das identische Verhalten an den Tag zu legen, waren wir beruhigt. Offenbar kommt es häufiger vor, dass ein vermeintlich »trockenes« Kind rückfällig wird. Da helfen alle Drohungen und Versprechungen nichts. Man kann nur abwarten. Oder die Attraktivität des Pipi-Machens steigern: Leo findet es zum Beispiel bedeutend interessanter, im Stehen zu pieseln (»wie der Papa!«) als im Sitzen. Am meisten liebt er es aber, an einen Baum oder in die Wiese zu pinkeln. Zum Glück leben wir auf dem Land, Großstadtkinder haben es da schon schwerer: Jakob (4) aus Berlin hat eine derartige Leidenschaft fürs »Pinkeln im Grünen« entwickelt, dass keine Topfpflanze mehr vor ihm sicher ist!

Schmerz und Pein

Ich war in Tränen aufgelöst. Leo, gerade sieben Tage alt, hatte die ganze Nacht nicht getrunken, war apathisch und wimmerte vor sich hin. Peter wollte mich trösten, aber ich war nicht zu beruhigen. Wenige Tage nach der Geburt, randnah am Wasser gebaut, schluchzte ich: »So kurz ist er erst auf der Welt und muss schon sterben!« Ich dachte wirklich, Leos letztes Stündchen habe geschlagen.

Die Kinderärztin konnte mich beruhigen. Leo hatte aus der Entbindungsklinik Rotaviren mitgebracht – eine lästige, aber keine lebensgefährliche Sache. Er bekam Medikamente, und sehr bald ging es ihm besser. Ich aber hatte eine Ahnung davon bekommen, welche Ängste man mit einem kranken Kind aussteht.

Kaum eine Woche vergeht, ohne dass Leo (2 1/2) Durchfall, einen wunden Po oder Schnupfen hat. Darüber rege ich mich längst nicht mehr auf. Auch nächtliche Kotzerei nach Kindergeburtstagen, Platzwunden und tennisballgroße Beulen bringen mich nicht mehr aus der Fassung. Das ist Kinderalltag, soviel habe ich inzwischen begriffen. Aber immer wieder gibt es Momente, in denen

man sieht: Dem Kind geht's wirklich schlecht. Und da leide ich jedesmal mit.

Anfangs war ich bei jeder Kleinigkeit komplett aus dem Häuschen. Hustete das Kind, diagnostizierte ich galoppierende Schwindsucht. Hatte es Fieber, konnte es nur eine Hirnhautentzündung sein, und wenn es sich übergab, war ich sicher, dass eine lebensbedrohliche Stoffwechselstörung vorlag. Bei jedem Sturz vermutete ich einen Schädelbruch, und wenn noch Blut ins Spiel kam, war ich selbst dem Kollaps nahe. Ich machte Peter fix und fertig mit meiner Hysterie – und mich selbst auch. Ich verschwendete so viel Energie damit, mir die schlimmsten Sachen auszumalen, dass ich nicht mehr in der Lage war, im Bedarfsfall einen nassen Lappen auf eine Beule zu drücken … Peter versuchte immer, mich zu überzeugen, dass alles gar nicht so schlimm wäre. Ich warf ihm sträflichen Leichtsinn und typisch männliche Sorglosigkeit vor. Inzwischen sind wir beide etwas geübtere Eltern und in Krisenfällen gelassener. Krankheiten bei Kindern verlaufen nach eigenen, geheimnisvollen Gesetzmäßigkeiten. Anders als bei Erwachsenen sind die Krankheitsbilder oft nicht klar umrissen. Wenn ein Erwachsener krank ist, besteht meist kein Zweifel: Er hat Grippe. Oder: Er hat einen verdorbenen Magen. Oder: Er hat einen Hexenschuss. Die Symptome sind eindeutig, das Leiden hat einen Namen. Bei Kindern hingegen treffen oft Symptome zusammen, die kein klares Bild ergeben. So hat Leo zum Beispiel Fieber und Schnupfen – das könnte eine Grippe sein. Aber warum klagt er noch über Bauchweh und über Schmerzen im Popo? Oder: Er hat sich erbrochen. Das weist auf eine Magenverstimmung hin. Warum sind aber gleichzeitig seine Lymphdrüsen geschwollen? Diese unspezifischen Krankheitsbilder können einen ganz schön irritieren. Wenn man zum Kinderarzt geht, wird man zusätzlich verunsichert: Der Arzt ist selbst oft nicht in der Lage, eine Krankheit zu diagnostizieren. So bleibt es dann dabei: Mein Kind hat eben Fieber und Schnupfen und Bauchweh und Popoweh. Oder: Eine Magenverstimmung und geschwollene Drüsen.

Es sind eher Befindlichkeitsstörungen als wirkliche Krankheiten, unter denen Kinder häufig leiden. Und obwohl man froh ist, dass es nichts Schlimmes ist, wäre man doch beruhigt, wenn der Arzt auf die verschiedenen Symptome ein Etikett mit der Aufschrift »Sowieso-Krankheit« kleben würde. Mit dieser »Namenlosigkeit« muss man sich aber ebenso abfinden wie damit, dass Dauer und Schwere einer Erkrankung schlecht vorauszuberechnen sind. So manchen Morgen dachte ich: Das bleibt uns für die nächsten zwei Wochen! Aber bereits am Nachmittag war das Fieber weg und das Kind putzmunter. Aus einem harmlosen Durchfall wurde hingegen eine wochenlange Tortur mit mehreren Stuhluntersuchungen, strenger Diät und fünf verschiedenen Medikamenten, die alle nichts halfen.

Neu für junge Eltern ist auch, wie Kinder selbst mit ihren Krankheiten umgehen. Anfangs trieb es uns fast zum Wahnsinn, dass Leo bei jeder Erkrankung in den Hungerstreik trat. Bis zu einer Woche lebte er ausschließlich von Tee und Saft. Natürlich dachten wir, das arme Kind würde zusätzlich geschwächt, wenn es nichts zu sich nimmt. Also bemühten wir uns, Leo mit tausend Tricks zum Essen zu bringen. Irgendwann gaben wir es auf und siehe da: Er überstand diese Fastenphasen völlig problemlos. Nach überwundener Krankheit entwickelte er immer einen enormen Appetit und holte alles auf.

Die größte Schwierigkeit bei einem Baby oder sehr kleinen Kind ist, dass es noch nicht sagen kann, was ihm wehtut. Ich erinnere mich noch an mein Gefühl totaler Hilflosigkeit, als der gerade drei Monate alte Leo eines Nachmittags anfing zu brüllen und vier Stunden nicht mehr aufhörte. Ich trug ihn durch die Gegend – das Kind brüllte weiter. Ich versuchte, ihn zu stillen – Leo brüllte. Nichts half, und bald weinte ich auch, aus Mitleid und weil ich mir keinen Rat wusste. Schließlich hatte meine Freundin eine Eingebung: »Schau doch mal in seinen Mund!«, schlug sie vor. Verständnislos befolgte ich den Rat und tatsächlich: Da bohrten sich die ersten Zähnchen durch! Mit drei Monaten, darauf muss man erst mal kommen! Für lange Zeit wusste ich dann, was der Grund für Fieberschübe, Durchfälle und Schmerzgebrüll war.

Mit Grausen denke ich auch an den letzten Winter zurück. Leo war anderthalb und ständig krank. Eines Nachts kriegte er wieder Fieber, 38, 39, 40 Grad. Er weinte vor

2 1/2 Jahre

Ich komme morgens in Leos Zimmer. Er begrüßt mich mit den Worten: »Du darfst mich in den Popo beißen!«

Schmerzen, wir waren ratlos. Hatte er Bauchweh, schmerzte sein Kopf, war es eine Grippe oder ein Backenzahn? Nach einer Horrornacht, in der wir mehrmals kurz davor waren, den Notarzt zu alarmieren, kam am Morgen die Auflösung. »Aua, Ohr«, jammerte Leo, und uns ging endlich ein Licht auf. Beim Hals-Nasen-Ohren-Arzt fiel die Diagnose aus wie erwartet: Mittelohrentzündung.

Dass Körper und Seele zusammengehören, ist heute allgemein akzeptiert. Kaum eine Mutter wundert sich deshalb über das unerklärliche Bauchweh, das ihre Kinder befällt, wenn unangenehme Ereignisse stattgefunden haben oder bevorstehen. Das kann die Schularbeit sein, ein Krach mit der besten Freundin oder die Aussicht, dass die Eltern zwei Tage verreisen. Auch kleinere Kinder reagieren auf Spannungen schon mal mit körperlichen Symptomen. Als aufmerksame Mutter lernt man schnell den Unterschied zwischen »Seelenschmerz« und »Bauchschmerz«, auch wenn der eine gerne in Gestalt des anderen auftritt. Es ist wichtig, auch den seelisch begründeten Schmerz ernst zu nehmen. Aber ihm ist eben nicht mit Diät oder Medikamenten beizukommen, sondern nur mit sensibler Zuwendung zum Kind. Gefährlich finde ich allerdings den esoterischen Irrglauben, alle Krankheitssymptome seien irgendwie »psychisch bedingt«, wenn nicht gar »schicksalhaft«. Mit dieser Einstellung haben mir bekannte Eltern das Leben ihres Kindes riskiert, weil sie eine schwere Ernährungsstörung nicht behandeln ließen. Das Kind geriet in akute Lebensgefahr und konnte nur durch Infusionen der verpönten »Schulmedizin« gerettet werden.

Seit ich manchmal den kranken Leo pflege, denke ich öfter daran, wie ich als Kind krank war. Ich erinnere mich kaum an Schmerzen oder Unwohlsein. Dafür umso mehr an die liebevolle Pflege meiner Mutter. Krank zu sein bedeutete, im Mittelpunkt zu stehen und viel Aufmerksamkeit und Zuwendung zu bekommen. Kranksein ist auch ein erholsamer Rückzug aus der Welt, die für ein Kind oft anstrengend ist. Schule, Kindergarten, Hausaufgaben, Musikstunde, Sozialstress mit Freunden und Geschwistern – manchmal ist alles zu viel. Da findet man es als Kind auch mal klasse, im Bett zu liegen und verwöhnt zu werden.

Für Mutter und Kind kann eine gemeinsam durchlittene Krankheit große Nähe bedeuten. Als es Leo so schlecht ging, lag er stundenlang, matt und fieberglühend auf mir. Seine Bäckchen waren heiß und rot, seine Augen glänzten. Er schmiegte sich an mich und wimmerte »Mama, Mama«, als wäre das die Zauberformel, die ihn heilen würde. Nie habe ich innigere Gefühle gehabt als damals. Nächtelang wachte ich an seinem Bett, kochte Tee, machte Wadenwickel und streichelte ihn. Ich spürte, wie unendlich ich dieses Kind liebe und dass ich alles tun würde, damit es ihm gut geht. Und Leo hat gemerkt, dass ich bedingungslos für ihn da bin, wenn er mich braucht. Ich habe das Gefühl, dass er nach jeder überstandenen Krankheit einen Entwicklungsschub macht. Plötzlich geht er selbstständig aufs Klo. Oder er macht einen erstaunlichen Sprung in seiner Sprachentwicklung. Sogar körperlich erscheint er mir größer, wenn er nach tagelangem Liegen wieder aufrecht umherläuft, und insgesamt wirkt er »gereift«. Deshalb empfinde ich Krankheit inzwischen nicht mehr als so bedrohlich, sondern als notwendigen Bestandteil von Leos Entwicklung.

Es ist wohl kein Zufall, dass Leo leidenschaftlich gerne »Kranksein« spielt. Hingebungsvoll lässt er sich mit den Instrumenten aus seinem Doktorkoffer untersuchen und mimt den Leidenden. Offenbar hat auch er Krankheit als etwas erlebt, das nicht nur Schmerzen und Unwohlsein bedeutet. Sondern auch die Erfahrung, geliebt und beschützt zu sein.

2 1/2 Jahre

Leo: »Mama, wo wohnt der Osterhase?«
Ich: »Im Osterhasenland.«
Leo: »Da will ich mal hin!«
Ich: »Da können Menschen nicht hin. Außerdem kommt der
Osterhase ja zu dir.«
Leo: »Ich will den aber abholen!«

Mutprobe

Auf dem Spielplatz. Ich sitze mit meinem Siebenmonatsbauch auf einer Bank. Mein Sohn hat sich offenbar vorgenommen, die Sandkiste leerzuschippen. Ein Achtmonatsbauch setzt sich neben mich und ruft: »Nein, Jessica, nicht!« Jessica, ein blond gelockter kleiner Teufel, lässt sich nicht stören. Ausgiebig zerrt sie am Haupthaar eines Vierjährigen, was dieser sich erstaunlicherweise ohne Gegenwehr gefallen lässt. Irgendwann fängt er an zu heulen und läuft zu seiner Mutter. Der Achtmonatsbauch seufzt und schaut auf meinen Siebenmonatsbauch. »Wann ist es denn bei Ihnen so weit?« »Im Juli«, antworte ich. »Und bei Ihnen?« »Im Juni.« »Da ist mein Sohn geboren«, erzähle ich, »schöne Zeit. Noch nicht so heiß.« »Wie war die Geburt?« Ich schaue die Frau überrascht an. Ich habe sie in meinem Leben noch nicht gesehen. »Naja, ziemlich lange. Und schmerzhaft.« »Bei mir hat's 20 Stunden gedauert, nur Wehen, Wehen, Wehen. Der Muttermund ging nicht auf. Dann haben sie mich an den Tropf gehängt, da hab ich mir die Seele aus dem Leib gekotzt. Als es so weit war, ging's so schnell, dass ich kaum zum Luftholen kam. Für einen ordentlichen Schnitt war

natürlich keine Zeit mehr. Ich sage Ihnen, diese Ärzte sind gnadenlos. Die lassen Sie glatt draufgehen!«
Ich stehe auf. »Ich muss jetzt gehen«, murmele ich. Ich entwinde Leo die Schaufel, mit der er gerade Jessica eins überbraten will. »Alles Gute!«, ruft der Achtmonatsbauch mir nach.

3 Jahre

Die Oma ist zu Besuch. Beim Frühstück fragt Leo sie: »Hat das Nilpferd einen Zipfel?« Oma denkt nach. »Wenn das Nilpferd ein Bub ist, schon. Wenn's ein Mädchen ist, dann nicht.« Leo weiter: »Hast du keinen Zipfel?« Die Oma verneint. Leo darauf mitleidig: »Gell, du bist ein armes Weib!«

Wiener
mit Schokosoße

Der typische morgendliche Dialog zwischen Leo (3) und mir verläuft folgendermaßen:

Ich: »Was möchtest du zum Frühstück?«

Leo: »Schokoladenostereier.«

Ich: »Ostern ist seit fünf Monaten vorbei. Wie wär's mit einem Müsli?«

Leo: »Dann Schokoladenkekse.«

Ich: »Es gibt keine Süßigkeiten zum Frühstück! Du kannst ein Brot haben.«

Leo: »Neiiin! Dann will ich gar nichts!!!«

Vielleicht war es ein Fehler, ihn überhaupt zu fragen. Aber es bringt erfahrungsgemäß auch nichts, ihm einfach was hinzustellen. Mach ich ihm ein Müsli, verlangt er ein Brot. Geb ich ihm ein Brot, schreit er nach Joghurt. Biete ich ihm gar nichts an, ist er nach einer Stunde übellaunig vor Hunger.

Beim Mittagessen setzt sich der Kampf fort. Wehe, ich wage es, Gemüse auf den Tisch zu bringen. Wenn er es

überhaupt versucht, spuckt er es meist mit angewiderter Miene wieder aus. Höchstens Broccoli oder Spinat (püriert mit viel Sahne) akzeptiert er. Noch weniger Glück habe ich mit Salat. Manchmal polkt er ein Scheibchen Gurke heraus, aber der Rest? Nein danke, da müsste man ja kauen. Getreidenockerl, Tofusoße, Vollkornlasagne? Nichts

3 Jahre

*Wir fragen Leo, wo er war, bevor er zu Mama
und Papa gekommen ist. Ohne zu zögern antwortet er:
»Im Freiland.« Als wir wissen wollen, wie er
zu uns gekommen ist, sagt er: »Mit dem Flugzeug.«*

zu machen. Nur Nudeln mit Tomatensoße, Fischstäbchen und Kartoffeln finden Gnade vor den Geschmacksnerven des kleinen Gourmets.

An manchen Tagen isst er einfach nichts – auch wenn es etwas gibt, was er eigentlich mag. Oder er hat, oh Wunder, etwas Neues probiert, und es hat ihm geschmeckt. Beglückt über die Erweiterung des Speiseplans bringe ich das Gericht ein paar Tage später wieder auf den Tisch. Reaktion: »Bäh, das mag ich nicht!« »Aber vorgestern mochtest du es!« »Mag's trotzdem nicht!«
Wie soll man es nur schaffen, ein Kind halbwegs gesund zu ernähren, ohne ihm den Spaß am Essen restlos zu verderben? »Mit Fantasie«, sagt die Ernährungsexpertin Wiebke Franz aus Gießen. »Kinder interessiert es überhaupt nicht, ob etwas ›gesund‹ ist. Hauptsache, es schmeckt lecker.«
Um Leo bestimmte Nahrungsmittel schmackhaft zu machen, helfen kleine Tricks. Manche Gemüsesorten püriere ich und mache eine Suppe oder eine Nudelsoße draus. Am besten funktioniert der »Burger«-Trick. Alles, was Leo nicht mag, wird kleingerieben und mit einem Ei, etwas Quark und ein paar Haferflocken zu einem Klops verarbeitet. Diesen Bratling verkaufe ich ihm als »Fleischpflanzl« (wir leben in Bayern) oder – seit seinem

ersten MacDonald-Besuch – als »Burger«. Findet er großartig, vor allem, wenn auch noch »Kätschum« drauf ist.
Für Ketchup hält er alles, was rot ist und nach Tomate
schmeckt; das weitgehend zuckerfreie Bio-Tomatenmark
tut's also auch.

Leos Lust auf Süßes konnte ich lange Zeit mit »gesunden«
Rosinen stillen. Seit er allerdings das erste Mal Gummi-
bärchen gegessen hat, ist es damit vorbei. Nun gibt's halt
Bärchen, die mit Fruchtzucker gesüßt sind. Immerhin
habe ich es geschafft, dass er – wenn schon Kekse – dann
Vollkornkekse isst. Die schmecken ihm tatsächlich besser
als die anderen. Ausnahme: Schokoladenkekse. Aber sogar
die gibt es in einer Öko-Version mit weniger Zucker.
»Natürlich könnte man sich's einfach machen und dem
Kind nur vorsetzen, was es sicher isst. Aber Wienerle,
Pommes und Süßigkeiten sind keine ausgewogene
Ernährung. Wenn man seinem Kind nicht schaden will,
muss man sich eben Mühe geben«, meint Wiebke Franz.
Das soll aber ihrer Meinung nach nicht ausarten in einen
täglichen Staatsakt, bei dem Vater und Mutter um den
Tisch herumtanzen, um das Kind zum Essen zu bewegen.
Auch Drohungen und Versprechungen sind nicht das
geeignete Mittel, da geht – wie so oft – der Schuss nach

hinten los. Auf meine Warnung: »Wenn du nicht isst, dann isst alles der Papa!«, meinte Leo begeistert: »Papa isst auf, und ich krieg ein Kaugummi!«

Eines steht fest: Je mehr Wert ich darauf lege, dass Leo etwas Bestimmtes isst, desto sicherer weigert er sich. Auf ein honigsüß gefötetes: »Schau mal, was ich Tolles für dich gekocht habe!«, folgt unweigerlich ein ernüchterndes »Ich hab heut keinen Hunger!« Wenn ich insistiere, wittert er natürlich seine Chance. Also versuchen wir gar nicht, ihn zu überreden. Wir fangen einfach an zu essen. Und siehe da: Nach spätestens dreißig Sekunden heißt es: »Das will ich auch!«

Natürlich ärgert es mich, wenn ich eine Stunde in der Küche geschuftet habe und er nach drei Gabeln den Teller zurückschiebt. So viel Mühe und alles umsonst! Aber ich versuche ruhig zu bleiben. Sobald ich Druck ausübe, rührt er keinen Bissen mehr an. Die Expertin meint: »Man soll Kinder nicht zum Essen zwingen oder überreden. Und man sollte sie auch nicht überschwänglich loben, wenn sie aufgegessen haben. Essen ist keine Leistung, sondern sollte eine Selbstverständlichkeit und ein Vergnügen sein.

Gesunde Kinder haben ein feines Gespür für Hunger und Sättigung. Durch ständiges Überreden zum Mehressen wird das zerstört.«

Die so genannten »schlechten Esser«, die bei den Mahlzeiten nur lustlos im Teller rumstochern, können einen natürlich schon zur Verzweiflung bringen. Tatsächlich neigen Eltern aber dazu, den Nahrungsbedarf ihrer Sprösslinge zu überschätzen. Manche Kinder brauchen einfach nicht so viel, um satt zu werden. In vielen Fällen versuchen Mütter, den vermeintlich nicht gedeckten Kalorienbedarf ihrer Kinder durch Zwischenmahlzeiten zu decken. Resultat: Die Kinder essen dann zwar zwischendurch, aber eben nicht mehr bei den Mahlzeiten.

Viele Kinder finden Essen einfach langweilig. Es unterbricht ihr spannendes Spiel, es zwingt sie zum Stillsitzen – was soll daran toll sein? »Kindern Spaß am Essen zu vermitteln, ist auf vielerlei Weisen möglich«, sagt Wiebke Franz. »Man kann sie schon bei der Zubereitung miteinbeziehen, sie mal einen Teig kneten oder eine Soße rühren lassen. Beim Essen selbst sind Erlebnisse wichtig. Es macht mehr Spaß, Gemüsestücke in einen Dip zu tunken, als einen fertig angemachten Salat zu essen. Und wenn Kinder bei der Gestaltung des Speiseplans mitreden dürfen, essen sie auch mit mehr Vergnügen.«

Von sich selbst weiß man, dass der Geschmack sich verändert. Was habe ich früher Lauch und Rosenkohl gehasst! Beides esse ich inzwischen ganz gerne. Auch bei einem kleinen Kind ändern sich die Vorlieben ständig. Monatelang hat Leo zum Beispiel Karotten aus allen Gerichten aussortiert. Kürzlich aß er sie plötzlich mit Begeisterung. Regeln wie »Mein Kind isst kein Gemüse« gelten immer nur für einen bestimmten Zeitraum. Alles ändert sich ständig – man darf nur nicht vorzeitig kapitulieren.

Leider stoßen die Bemühungen ernährungsbewusster

Mütter nicht immer auf ungeteilten Beifall. »Manchmal habe ich es so satt, den Spielverderber zu machen und mich von meinen Bekannten als sauertöpfische Öko-Mutter belächeln zu lassen«, stöhnt Sabine. Wie ich sie verstehe! Gelegentlich denke ich auch: Soll Leo sich doch in Pudding wälzen, in Limo baden, mit Pommes um sich werfen und in Kuchen eingraben. Ist doch nicht mein Problem, wenn ihm schlecht wird. Oder? In Wahrheit ist es natürlich mein Problem, wie die letzten Kindergeburtstage gezeigt haben. Wie soll ich aber Leo davon abhalten, bei so einer Gelegenheit Kuchen, Mohrenköpfe und Wiener in sich hineinzustopfen, bis es ihm zu den Ohren rauskommt? Alle anderen tun es schließlich auch! (Wird es anderen Kindern eigentlich nicht schlecht, oder warum bleiben die Mütter so ruhig?) Meinem Sohn jedenfalls wird schlecht.

»Man muss auch mal fünfe grade sein lassen«, empfiehlt Frau Franz. »Für den Alltag sind Absprachen nützlich. Also: Süßigkeiten nur nach dem Essen, Limonade und Pommes nur beim Restaurantbesuch. Es geht darum, ein Maß zu finden. Was man völlig verbietet, wird umso interessanter.« Wie wahr, wie wahr! Ich sehe mich noch als Kind in der Nachbarschaft Nutella-Brote erbetteln, weil meine Mutter mich mit Süßem so kurz hielt. Heute lacht sie mich aus, wenn ich ihr Vorträge über die Gefährlichkeit von Zucker halte, und besticht Leo heimlich mit Bonbons. Prinzipien sind eben immer eine Frage der Perspektive! Aber vielleicht haben Omas ja das Privileg, für die bereits erwähnten Ausnahmen zu sorgen …

3 1/2 Jahre

Beim abendlichen Waschen. Ich frage: »Mensch, Leo, wieso ist dein Popo denn schon wieder so wund?« Leo im normalsten Tonfall der Welt: »Da ist ein Pferd draufgesprungen!«

Ein Junge
namens Paulina

Aber das ist ja ein Mädchen!« Staunend schaute ich auf das winzige Menschlein, das ich gerade zur Welt gebracht hatte. Eine Tochter! Ich war total überrascht, denn mein Arzt hatte bei einer Ultraschalluntersuchung gemeint: »Zu neunzig Prozent kriegt Ihr Leo einen Bruder.« Nicht, dass wir was gegen einen zweiten Buben gehabt hätten. Aber ein Mädchen wäre schon auch schön gewesen …

Bei neunzig Prozent Wahrscheinlichkeit für einen Jungen blieben zehn Prozent für ein Mädchen. »Lassen wir uns überraschen!«, sagte ich. Aber richtig dran geglaubt haben Peter und ich nicht. Allen Freunden und Verwandten erzählten wir, dass wir wieder einen Jungen kriegen. Und jetzt hat unsere Tochter jede Menge blauer Strampler! Wie gut, dass wir uns wenigstens kurz vor der Geburt noch auf einen Namen geeinigt hatten! Einen Jungennamen wussten wir längst. »Nur zum Spaß« diskutierten wir auch über den Namen für eine Tochter. Der errechnete Geburtstermin war schon ein paar Tage überschritten, da kam es endlich zum Kompromiss: Würde es doch ein Mädchen werden, dann sollte es Paulina heißen. Das Zweite konnte kommen.

Und wie es kam! Bei Leo hatte ich mich zwei Tage und Nächte herumgeplagt. Nur mit Hilfe einer lokalen Betäubung schaffte ich es, meinen Sohn auf die Welt zu bringen. Danach war ich völlig fertig und hatte das Gefühl, eine totale Versagerin zu sein. Nicht mal gebären konnte ich ohne Hilfe! Diesmal kamen über den Tag verteilt Wehen, die abends stärker wurden. Wir fuhren in die Klinik, und knapp fünf Stunden später hielt ich meine Tochter in den Armen. Ich fühlte mich großartig und hatte Energie zum Bäumeausreißen. Wenn ich die beiden Geburten vergleiche, geht das in einem Satz: Von Leo wurde ich entbunden, Paulina habe ich auf die Welt gebracht!

Was war diesmal anders? Natürlich hat mir geholfen, dass ich wusste, was auf mich zukam. Wobei man doch vergisst, mit welcher Wucht und Heftigkeit einen die Wehen überrollen! Aber ich war davon nicht so überrascht wie beim ersten Mal. Und dann habe ich mich diesmal viel gründlicher vorbereitet. Habe Entspannung geübt und Atemtechnik gelernt, Tag für Tag, wochenlang. Während der Geburt hielt ich mich an meinem Atem fest wie ein Kletterer an einem Seil. Um mich her versank alles im tobenden Wirbel der Schmerzen, ich wusste nicht mehr, wo oben und unten war. Die einzige Orientierung war mein Atem. Also atmete ich. Ein, aus, ein, aus. Durch die

3 1/2 Jahre

Leo soll seine Spielsachen aufräumen. Alle Überredungs-
künste nützen nichts, er weigert sich. Peter versucht es mit der
paradoxen Intervention: »Naja, das kann der Leo eben
noch nicht!« Leo darauf genervt: »Ich hab gesagt: Ich will nicht!
Können tu ich es natürlich!«

Nase, durch den Mund. Wenn ich aus dem Rhythmus kam, half mir die Hebamme mit ruhigen Kommandos. Hatte ich während Leos Geburt schon bei den ersten Wehen die Nerven verloren, so blieb ich diesmal ruhig. Nur in einigen, wenigen Momenten dachte ich: »Jetzt kann ich nicht mehr!« Und nun lag es vor mir, mein zweites Kind. Ich konnte es also doch!

Endlich sollte Leo seine Schwester kennen lernen. Schon vor der Geburt hatte er mehrfach verkündet: »Ich will kein Geschwisterchen!« Und einmal sogar: »Das Baby hau ich und schmeiß es ins Gebüsch!« Ich war also gespannt, wie er reagieren würde! Die Tür ging auf, und Leo stapfte an der Hand seines Vaters ins Zimmer. Wie gerührt ich plötzlich war! Bei aller Freude über das Baby, ich hatte schließlich schon ein Kind, das ich über alles liebte! Ein bisschen schüchtern näherte er sich dem Klinikbett und kletterte rauf. Wie groß er mir plötzlich erschien! Und was für ein unglaubliches Gefühl, mit einem Mal Mutter von zwei Kindern zu sein!
Peter fragte in Anspielung auf Leos Äußerung: »Na, Leo, willst du das Baby wirklich hauen?« Leo überlegte kurz. »Nein.« Pause. »Erst wenn wir daheim sind!«
Am ersten Nachmittag zu Hause ließ ich Leo ungefähr eine

Minute allein mit Paulina. Von oben rief ich runter: »Leo, was machst du?« Leo antwortete brav: »Ich leg das grüne Ding auf sie drauf!« Das grüne Ding? Ich raste die Treppe runter. Er hatte ein riesiges grünes Daunenkissen, das ich beim Stillen benutzte, auf Paulinas Kopf gelegt. Wahrscheinlich nicht in der Absicht, sie zu ersticken. Aber doch getrieben von dem Wunsch, sie verschwinden zu lassen. Folgerichtig erklärte er mir ein paar Tage später. »Paulina soll wieder weg sein!« Ich fragte: »Wo soll sie denn hin?« Und er antwortete: »Da soll ein Zauberer kommen und sie wegzaubern!«

Armer Leo! Noch heute ist er hin- und hergerissen. Einerseits gefällt ihm Paulina, und oft küsst und streichelt er sie zärtlich. Dann übermannt ihn wieder die Eifersucht, und er knufft sie. Die Ambivalenz seiner Gefühle zeigte sich auch in folgender Äußerung: »Die Paulina ist so ein süßes Baby – die soll nicht wachsen, die soll immer klein bleiben«, sagte er und meinte wohl: Dann kann sie mir nicht gefährlich werden.
Bald hatte Leo raus, dass ich während des Stillens ziemlich hilflos bin. Seither stellt er regelmäßig die Bude auf den Kopf, veranstaltet einen ohrenbetäubenden Lärm oder versetzt mir im Vorbeigehen Schläge und Tritte. Zufällig muss

er neuerdings auch immer ganz dringend aufs Klo, wenn Paulina gerade trinkt.

Glücklicherweise richten sich Leos Aggressionen mehr gegen mich als gegen seine kleine Schwester. Aus dem Kindergarten hat er die ersten Kraftausdrücke mitgebracht, und so brüllt er mich gelegentlich an: »Du blöder Arschkopf!«, was ich geflissentlich ignoriere. Aber an manchen Tagen fällt es mir schon schwer, ruhig zu bleiben. Immer wieder muss ich mir klar machen, dass Leo nicht »böse« ist, sondern viel eher verzweifelt. Er muss ja das Gefühl haben, nicht mehr so geliebt zu werden wie vorher, wenn seine Mama so viel Zeit für dieses blöde Baby aufwendet. Hoffentlich schaffe ich es, ihm zu zeigen, dass ich ihn natürlich noch genauso liebe – trotz Paulina!

Eine Hoffnung hat sich auf jeden Fall erfüllt: Ich bin viel ruhiger als beim ersten Mal. Ich nehme Paulina überall mit, ohne Angst, sie könnte durch ihr Brüllen jemanden stören. Und siehe da: Sie brüllt nicht. Wenn sie mal schreit, dann lasse ich mich dadurch nicht aus der Fassung bringen und schaffe es meist schnell, sie zu beruhigen. Und noch etwas Wichtiges habe ich gelernt: Es hat keinen Sinn, das Baby in den eigenen Zeitplan pressen zu wollen. Man muss sich nach dem Baby richten. Wenn ich mir zu einem bestimmten Zeitpunkt vornehme, einen wichtigen Anruf zu machen, wird garantiert nichts draus, weil Paulina genau in diesem Moment Hunger oder die Hosen voll hat. Wenn ich aber einfach die Zeit nutze, in der sie schläft, dann klappt es meist, und ich bin viel weniger gestresst!

Liegt es an Paulina, dass ich entspannter bin, oder ist Paulina entspannt, weil ich es bin? Wenn ich daran denke, wie unendlich schwierig mir jeder kleine Ausflug mit Leo damals erschien! Ich brauchte zwei Stunden, um alles einzupacken, kurz vor dem Aufbrechen brüllte er vor Hunger, spuckte sich voll oder ließ eine Ladung »Flitzekacke« los, die dazu führte, dass ich ihn komplett neu anziehen musste. Schweißgebadet verließen wir irgendwann das Haus, kamen überall viel zu spät an, und ich hatte meistens wenig von unseren Unternehmungen, weil ich nervös auf die nächste Babykatastrophe lauerte.

Heute schnappe ich mir die Wickeltasche und sause mit Paulina los, ohne mir groß Gedanken zu machen, wann wieder Stillen oder Wickeln angesagt sind. Beides kann man im Prinzip überall machen, sogar im Flugzeug, wie ich mittlerweile aus Erfahrung weiß. Hauptsache, man bleibt cool.

»Jetzt sind wir nicht mehr ein Paar mit Kind, sondern eine Familie«, stellte Peter neulich fest. Das ist tatsächlich ein Unterschied. Durch ein zweites Kind verschieben sich die Gewichte. Es stellt die Balance wieder her. Vorher konzentrierten sich zwei Erwachsene auf ein Kind, jetzt stehen sich zwei große und zwei kleine Menschen gegenüber.

Schon jetzt merke ich, dass es eine Entlastung für Leo ist, wenn die Aufmerksamkeit von Mama und Papa nicht mehr pausenlos auf ihn gerichtet ist. Ich messe nicht mehr jeder Kleinigkeit so große Bedeutung bei, weil ich einfach die Zeit nicht mehr habe. Dann ist Leo halt mal völlig verdreckt, wenn die Schwiegereltern zu Besuch kommen – was soll's. Oder er kriegt einen Schnupfen, weil er stundenlang in einer Pfütze gespielt hat – sei's drum. Das alles schadet ihm vermutlich auf Dauer weniger als eine Mutter, die ihn ständig sauber anzieht und ihm das Spielen in Pfützen verbietet.

Auch wenn Leo heute noch eifersüchtig auf seine Schwester ist und die kleine Rivalin zum Teufel wünscht – ich bin ganz sicher: Irgendwann wird er froh sein, sie zu haben! Wie erklärte er mir vor ein paar Tagen: »Als ich das damals gesagt habe, dass die Paulina weg sein soll – da hab ich nur einen Spaß gemacht!«

3 1/2 Jahre

Ich frage empört: »Was stinkt denn hier so? Hast du schon wieder gepupst?« Leo schnuppert kurz, sagt dann: »Das war ich nicht. Das war die Paulina. Meine Pupse riechen anders!«

Waschzwang

Die erste Nacht mit Paulina. Ich wollte sie bei mir behalten. Die Säuglingsschwester hatte dafür kein Verständnis. »Bringen Sie das Baby doch ins Kinderzimmer. Dann schlafen Sie viel besser!« Schlafen? Wohl wissend, dass mein Kind die Nacht weinend unter anderen weinenden Säuglingen zubringen würde, alleine in seinem Bett und weit weg von mir? Niemals! (Ich habe heute noch Schuldgefühle, dass ich Leo in der ersten Nacht weggegeben habe!) »Aber dem Kind fehlt doch nichts«, hielt sie mir entgegen. »Wenn es keinen Hunger hat und keine volle Windel, dann ist doch alles in Ordnung!« Dass ein Neugeborenes die Nähe seiner Mutter braucht, das Gefühl, geborgen zu sein und nicht allein in einem Plexiglasbett zu liegen – auf einen solchen Gedanken kam diese Schwester nicht. Ich jedenfalls behielt Paulina bei mir, und sie schlief mit mir im Bett. Wenn sie schlief. Das war in der ersten Nacht nicht allzu häufig der Fall. Umso erfreuter war ich, als am Morgen um sieben mein Telefon klingelte und mir eine energische Stimme mitteilte, ich müsse nun mein Kind zum Waschen bringen. »Waschen?«, murmelte ich schlaftrunken. »Wo hat die Kleine sich denn schmutzig gemacht?« Ich erklärte, dass Paulina bis fünf wach gewesen sei und ich sehr dankbar wäre, wenn man mich jetzt schlafen ließe. Daraufhin vernahm ich staunend das Angebot, ich könnte Paulina auch gerne schon morgens um fünf zum Waschen bringen, aber waschen müsse sein! Schon klar, wo kämen wir schließlich hin, wenn schon Neugeborene sich dem deutschen Reinheitsgebot entzögen!

3 1/2 Jahre

Beim Essen. Leo gurgelt mit seinem Saft, spuckt ins Glas. Ich, angeekelt: »Hör bitte mit der Sauerei auf, ich kann's echt nicht sehen!« Leo, ungerührt: »Dann mach die Augen zu!«

Reine Nervensache

Es ist normal, wenn du gelegentlich Lust hast, deine Kinder aus dem Fenster zu werfen. Es ist nicht normal, wenn du es tust!« Mit diesem Ausspruch einer Freundin tröste ich mich immer, wenn mich Leo mal wieder an die Grenzen meiner Nervenkraft bringt. Wenn man sich einmal entschlossen hat, seine Kinder nicht zu prügeln, wird Erziehung ganz schön schwierig. Kinder verfügen über die Macht der Machtlosen: Es reicht, dass sie sich weigern, und schon stehen wir Erwachsenen blöd da.

Zum Beispiel morgens. Wir sind spät dran, der Kindergarten fängt gleich an, ich habe einen dringenden Termin. Leo lässt sich nicht anziehen. Er wirft sich auf dem Boden rum, strampelt, macht seinen Körper steif wie ein Brett. Ich versuche es ruhig: »Schätzchen, lass dich bitte anziehen, es ist spät.« Leo lacht sein provozierendes Meckerziegen-Lachen und strampelt noch mehr.

Mein Tonfall wird strenger: »Leo, hör jetzt bitte auf, du kommst zu spät in den Kindergarten.« Leo: »Mir egal.«

Ich versuche es mit der »Wenn-Dann-Variante 1« (Versprechungen): »Wenn du dich jetzt anziehen lässt, dann gehen wir heute Nachmittag zum Schlittenfahren!«

»Ich will aber gar nicht zum Schlittenfahren!«, lässt Leo mich auflaufen.

Es folgt die »Wenn-dann-Variante 2« (Drohungen): »Wenn du dich jetzt nicht anziehen lässt, dann … dann …« Ja, was dann?

Womit soll ich dem Kind drohen? Dass ich es seinem Papa sage? Leo hat (glücklicherweise) nicht die geringste Angst vor seinem Vater. Dass das Fernsehprogramm gestrichen wird? Bei uns wird sowieso nicht ferngesehen. Dass er keinen Nachtisch kriegt? Was hat der Nachtisch mit dem Anziehen zu tun? Natürlich könnte ich ihm Prügel, Hausarrest oder sonstige Gewalttätigkeiten androhen. Nur hätte auch das keinen Sinn, da Leo solche Erziehungsmaßnahmen nie erlebt hat und sie deshalb auch nicht fürchtet.

Schimpfen und Drohen haben in der Regel also keine Wirkung. Im Gegenteil. Sobald ich die Nerven verliere und Leo anbrülle, wird er nur noch sturer, und am Ende heulen wir beide. Ich habe dann ein rabenschwarzes Gewissen, entschuldige mich wortreich bei ihm und gelobe Besserung. Solche Szenen garantieren natürlich ein Höchstmaß an Aufmerksamkeit und schreien deshalb geradezu nach Wiederholung. Kein

Wunder, dass Leo es bei nächster Gelegenheit wieder auf einen Eklat ankommen lässt.

Besonders belastend empfinde ich solche Situationen, wenn andere Leute dabei sind. Dann möchte ich natürlich demonstrieren, wie brav mein Kind ist und was ich für eine gute Mutter bin. Mit sicherem Instinkt untergräbt Leo meine Bemühungen, indem er besonders frech und aufsässig ist. Wenn ich dann versuche, meine Autorität unter Beweis zu stellen, ist das Scheitern vorprogrammiert. Leo gehorcht nicht, ich werde sauer, und im Handumdrehen erleben unsere Gäste (deren Kinder sich natürlich vorbildlich betragen) eine Darbietung, für die ich mich anschließend furchtbar schäme.

Knapp 4 Jahre

Leo: »Wo kommen die Menschen hin, wenn sie gestorben sind?«
Ich: »In den Himmel, zum lieben Gott.«
Leo: »Wann müssen wir sterben?«
Ich: »Das weiß niemand, wann er sterben muss.«
Leo: »Weiß der liebe Gott, wann wir sterben müssen?«
Ich: »Ja, der weiß es schon.«
Leo (entrüstet): »Warum sagt er's einem nicht?«

In meiner Ratlosigkeit wende ich mich an Hans Grothe, den Erziehungsexperten von Eltern. Auch er meint: »Man sollte, wenn überhaupt, nur Drohungen aussprechen, die man auch wahrmachen würde. Viel besser ist es, wenn Sie das Kind die Konsequenzen seines Handelns erleben lassen.« Wie soll das aussehen, zum Beispiel auf den Kampf beim Anziehen bezogen? »Ganz einfach«, sagt er, »bringen Sie das Kind im Schlafanzug in den Kindergarten!«

Klingt einleuchtend. Hans Grothe empfiehlt weiter, dem Kind nur einmal zu erklären, warum etwas nicht geht. Man solle sich nicht auf stundenlange Diskussionen einlassen, denn Kinder interessierten sich nicht für Argumente, sondern für die Aufmerksamkeit, die eine solche Debatte garantiert. Der Mann hat Recht. Ich selbst habe die unselige Neigung, alles hundertmal zu sagen, und Leo hat sich angewöhnt, nach jeder meiner Ausführungen stereotyp »warum?« zu fragen. »Die Wiederholungstaste drücken«, nennt Hans Grothe dieses Verhalten, und in der Tat falle ich oft genug darauf rein. Ganz offensichtlich hat Leo gelegentlich das Bedürfnis, herauszufinden, wie weit er gehen kann. Normalerweise ist er freundlich und hilfsbereit, aber plötzlich kriege ich auf eine kleine Bitte (»Machst du mal die Tür zu?«) eine patzige Antwort, und er knallt die Tür ins Schloss, dass die Wände wackeln.

Wenn ich ihn bitte, Rücksicht zu nehmen, weil Paulina schläft oder weil ich Kopfschmerzen habe, greift er sich unter Garantie zwei Topfdeckel und marschiert scheppernd und singend durchs Haus. Sobald ich ihn darum ersuche, etwas nicht zu tun, kann ich Gift drauf nehmen, dass er es erst recht tut. Sein forschender Blick verrät mir, dass es sich wieder um ein Experiment aus dem Bereich der Grenzbegehung handelt und dass es jetzt wichtig ist, wie ich mich verhalte. Flippe ich schon bei der kleinsten Provokation aus, verschieße ich vorzeitig mein Pulver und stehe größeren Frechheiten umso hilfloser gegenüber. Schaffe ich es hingegen, ruhig zu bleiben und mir vielleicht sogar ein Ablenkungsmanöver auszudenken – schon ist die Situation entschärft.

Das gelingt mir bei weitem nicht immer, und es gab Momente, in denen hätte ich – gegen meine tiefe Überzeugung – zuschlagen können. Aber was hätte ich damit erreicht? Dass Leo sein Vertrauen in mich verliert und Angst vor mir kriegt. Das kann doch nicht das Ziel sein.

Es war nicht leicht zu kapieren, dass ich als Erwachsene mich nicht auf das Niveau eines Zwei- oder

Dreijährigen begeben und in Konfliktsituationen einfach zurückplärren darf. Die Versuchung ist zwar groß, denn plärrende Kleinkinder können einen furchtbar nerven. Aber es bringt einfach nichts. Außerdem ist es eine Binsenweisheit, dass in der Erziehung viel über Vorbilder läuft. Wenn ich meinem Sohn also vormache, dass Gebrüll eine übliche Form der Auseinandersetzung ist, darf ich mich nicht wundern, wenn er's nachmacht.

Eines ist klar: Es handelt sich hier um einen Machtkampf zwischen deutlich ungleichen Gegnern. Denn auch wenn Kinder einen durch Trotz und Verweigerung auf die Palme bringen können, sind doch letztlich wir Erwachsenen die Überlegenen. Ein Kind ist total abhängig von uns, unserer Fürsorge und Liebe. Deshalb ist die perfideste Form der Strafe auch der Liebesentzug. Ich erinnere mich, dass ich es weitaus besser ertrug, wenn meine Mutter mal richtig wütend war, als wenn sie sagte: »Ich bin sehr traurig über dein Verhalten«, und sich zurückzog. In diesen Momenten hatte ich das Gefühl, aus der Welt zu fallen.

Ein paarmal hatte Leo regelrechte Schreianfälle. Ich hatte sein Glas an den falschen Platz gestellt oder nicht das richtige Spiel aus dem Regal geholt, und aus heiterem Himmel bekam er einen Wutanfall, der in keinem Verhältnis zum

Anlass stand. »In solchen Fällen ist es wahrscheinlich, dass ein Kind unter einer Belastung leidet, mit der es momentan nicht fertig wird«, vermutet Hans Grothe. Der Grund war in Leos Fall schnell gefunden: Er musste gerade die Ankunft von Paulina verkraften, und das fiel ihm nicht leicht. Er ging durch eine tiefe Krise, und es gab Momente, in denen der beste Ratschlag nichts nutzte – wir wussten nicht mehr weiter.

Wenn er das Baby gehauen hatte (was trotz aller elterlichen Vorsicht manchmal vorkam), was hätten wir tun sollen? Ihn schimpfen und rausschicken? Das hätte seine Ängste nur verstärkt, die ja der Grund für seine Aggression waren. Ihn streicheln und trösten? Dann hätte er das Gefühl gehabt, für seine Schandtat gelobt zu werden. Sein Verhalten ignorieren? Dann hätte er zu massiveren Mitteln gegriffen, um unsere Zuwendung zu erzwingen. Es gab ganz einfach nicht die »richtige« Reaktion.

Die Vorstellung, dass es für jedes Erziehungsproblem eine Patentlösung gäbe, ist Unfug. Durch solche Phasen muss man durch. Und siehe da: Es wird immer wieder besser! Eines Morgens wachte Leo auf und war wie ausgewechselt. Er war fröhlich und ausgeglichen, zärtlich zu seiner Schwester und liebenswürdig zu uns. Es schien, als hätte er den Kummer und die Wut der vergangenen Wochen wie ein altes Kleidungsstück abgestreift. Wenn ich ihn jetzt bitte: »Räum doch bitte deine Spielsachen auf!«, höre ich ein gut gelauntes »okay!«, und wenig später ist alles an seinem Platz. Als ich Kopfschmerzen hatte, fragte er mich besorgt: »Wie geht's dir?« und streichelte mich liebevoll. Über Paulina sagte er: »Gell, die Paulina ist meine Lieblingsschwester!« Als ich das erfreut bestätigte, fügte er selbstzufrieden hinzu: »Die liebt mich!«

Er hat also seinen Platz in der Welt wieder gefunden, fühlt sich geliebt und kann deshalb auch wieder liebenswert sein. Und ich wundere mich, dass es Mütter gibt, die ihre Kinder manchmal am liebsten zum Fenster hinauswerfen würden …

Müssen Mütter moderieren?

Wie viele schwangere Moderatorinnen haben Sie schon im Fernsehen gesehen? Eine? Zwei? Besonders viele waren es mit großer Wahrscheinlichkeit nicht.

Das Telefon stand nicht mehr still, als ich vor ein paar Jahren, im achten Monat schwanger, zwei Stern-TV-Sendungen moderiert hatte. Die Kollegen von den Zeitungen führten sich auf, als hätten sie eine mittelgroße Weltsensation erlebt. Und eigentlich hatten sie das ja auch. Schwangere im Fernsehen sind so selten wie Erdbeeren im Dezember. Und es verhält sich mit ihnen ebenso wie mit den schmackhaften Früchten: Man hätte gerne mehr davon. Aber: Da seien die Männer vor. Denn sie sind es ja noch immer, die (auch im Fernsehen) bestimmen, wer was zu sagen hat. Und da viele Männer glauben, dass Schwangerschaft eine milde Form des Schwachsinns ist, neigen sie dazu, werdende Mütter vom Bildschirm zu verbannen.

Ich hatte zufällig Glück: Günther Jauch, Chef von Stern-TV und selbst Vater von inzwischen vier Töchtern, kam gar nicht auf den Gedanken, ein schwangerer Bauch könnte irgendein Problem darstellen. »Wann kommt das

Baby?«, fragte er, als er von meinen anderen Umständen erfuhr. »Im Juli«, antwortete ich. »Prima«, meinte er, »dann kann ich im Mai ja noch in den Urlaub fahren!« (Als Paulina dann da war, nahm er so viel Rücksicht mit seiner Terminplanung, dass ich mich monatelang in Ruhe um das Baby kümmern konnte. Danke, Günther!)

Für uns Frauen ändert sich durch Kinder noch mehr als für die Männer. Denn wir stehen plötzlich vor der Frage, wie wir in Zukunft Familie und Beruf unter einen Hut kriegen sollen. Ich spreche bewusst von »Beruf« und nicht von »Karriere«. Die kann man sich mit Kindern sowieso abschminken. Aber schon eine »normale« Berufstätigkeit stellt die meisten Mütter vor riesige Probleme. Da macht der Beruf der Fernsehjournalistin keine Ausnahme.

Seit meiner Zeit als Moderatorin von »Live aus dem Alabama«, »Live aus der alten Oper« oder »Klargestellt« habe ich viele interessante Angebote absagen müssen. Fast alle Sendungen sind inzwischen wöchentlich, viele täglich, und die meisten davon werden nicht in München herge-stellt. Ich kann aber nicht ständig nach Köln, Berlin oder Hamburg reisen. Genauer gesagt: Ich könnte vielleicht, aber ich will nicht. Denn wofür habe ich Kinder gekriegt, wenn ich sie dann nur allein lasse? Ich arbeite nur so viel außer Haus, dass meine Familie nicht darunter leidet. Was ich sonst noch im Fernsehen machen kann, wird man sehen. Irgendwann werden Kinder ja auch mal größer ... Inzwischen habe ich mich auf meine anderen Talente besonnen und angefangen, Romane und Kinderbücher zu schreiben – zum Glück mit einigem Erfolg. Auf diese Weise bin ich berufstätig und kann doch überwiegend zu Hause sein. So nervenaufreibend es manchmal ist, den Spagat zwischen Familie und Arbeit zu vollführen, ich möchte auf keines von beiden verzichten! Ein Leben ohne Kinder erscheint mir ebenso unvollständig wie ein Leben ohne Beruf. Erst seit ich beides habe, fühle ich mich komplett.

Liebe Leserin, lieber Leser, wenn Sie Kinder haben, wussten Sie es schon. Wenn Sie (noch) keine haben, dann wissen Sie es jetzt: Das Leben mit Kindern ist wunderschön. Aber ziemlich anstrengend. Auf jeden Fall ist es völlig anders, als man es sich vorgestellt hat!
Ich habe mich oft darüber geärgert, wie »Familie« einerseits verklärt und verkitscht wird, und wie andererseits unsere Gesellschaft mit Kindern umgeht. Sie werden eben meist als »Störenfriede« betrachtet und möglichst schnell auf »erwachsenengerecht« getrimmt. Peter und ich hoffen, dass unsere Kinder einmal im positiven Sinne »stören« werden.

Dass sie stark und selbstbewusst genug werden, um Sand im Getriebe einer effizienten, aber zunehmend inhumanen Gesellschaft zu sein.

Um Kinder zu mögen, muss man sie kennen lernen. Ich habe versucht, das Leben mit unseren Kindern realistisch zu beschreiben, ohne es zu verklären. Ich hoffe, die Lektüre hat Ihnen Spaß gemacht.

Herzlich,
Ihre Amelie Fried und die »StörenFrieds«